JN018056

古代出雲王国考

ヲロチ退治の呪術

木佐芳男

河出書房新社

プロローグ

歴史観は、一〇〇人いれば一〇〇通りある。わが国の古代史は、おもに大和（奈良県）など畿内や北部九州へ焦点をあてて語られてきた。では、出雲在住のジャーナリストとして、山陰の出雲をおもな舞台とする神話や古代史を探究したら何がみえるか。物的証拠と論理でチャレンジする。

日本神話のヤマタノヲロチ退治では、スサノヲが巨大なモンスターであるヲロチを倒し、その尾から天叢雲剣（あめのむらくものつるぎ）（草薙剣（くさなぎのつるぎ））を取り出す。それが、のちに天皇家の三種の神器（じんぎ）のひとつとなり、現代に至るとされる。

だが、この神話には、一般に知られる物語のうらに、呪術にまつわる重大な秘密が込められていた。それを明らかにするカギは、大和の神社に現存し奉斎（ほうさい）されている古代の神剣にある。

その神剣の来歴をさぐっていくと、もうひとつの有名な神話、オオクニヌシの国譲りがからんでいる。

謎：ヲロチ退治とは、いったい何だったのか。

日本人は、八世紀初頭に『古事記』と『日本書紀』で創り上げられた壮大な神話に呪縛され、洗脳の一種であるマインド・コントロールをされてきた。氣づかないうちにおこなわれる心理操作だ。俗に、刷り込みとも言う。

ところが、その自覚はない。古今東西、建国神話とはそんなもの、と言えばそれまでだが……。

いっぽう、ヲロチ退治の舞台となった出雲（島根県東部）では、いまも不思議な風習がつづく。旧暦一〇月を、全国的には神無月（かんなづき）と呼ぶが、出雲にかぎっては神在月（かみありつき）と呼ぶ。八百万（やおよろず）の神々が全国各地から出雲に集まり、さまざまな神事が催される。天候が荒れる季節にもかかわらず、遠方からもご利益（りやく）をもとめたくさんの参拝客が訪れる。

一般に、神無月は「神のいない月」と受けとめられている。だが、学術的には「神の月」の意という。われわれは、神無月と神在月の意味について、根本的な誤解をしてきた。あるいは、誤解させられてきた。

謎：神の月とは、いったい何なのか。

知られざることながら、これもヲロチ退治と深いかかわりがあると思われる。

本書では、呪術と祟りがキーワードとなる。日本はいにしえから呪術の国であり、令和のいまも、天皇家や神社などでは呪術が受けつがれている。そして、呪術は祟りと深いつながりがある。『古事記』の神代篇（かみよ）では、出雲神話が四三パーセント（三浦佑之（すけゆき）氏）も占めながら、かつて、出雲が注目を浴びることはなかった。しかし、一九八〇年代半ばから、出雲の地で考古学上の大発見が相次いだ。

とくに、荒神谷遺跡から出てきた銅剣三五八本、加茂岩倉遺跡からの銅鐸三九個（口）という数字はケタはずれだった。出雲大社の境内では、巨大高層神殿の実在をうかがわせる柱も発掘された。神話の世界だけではなく、古代の出雲にはやはり大きな勢力があった。そういう見方が、古代史ファンにかぎらず、専門家のあいだでも広まった。

それを、本書では、萌芽期をふくめ古代出雲王国と呼ぶことにする。じつは、ヲロチ退治や神無月・神在月の本当の意味は、この王国の栄枯盛衰をたどらなければわからないと思う。

謎：古代出雲王国は、いつごろ誕生し、いつ終焉を迎えたのか。

それは中央集権ではなくネットワーク型だったとみられる。出雲を本拠地とし、山陰や北陸をはじめ近畿、中四国、九州、関東にも勢力圏・影響圏を広げていた。とくに、東北地方とも、深いつながりがあった。

謎：古代の出雲にとって、東北とは何だったのか。

それらの謎を解くには、『古事記』『日本書紀』つまり『記・紀』や『出雲国風土記』など古代文献の分析に加え、考古学や遺伝学、国語学、心理学など学際的なアプローチも欠かせないと思う。本書では、そうした観点も取り入れる。

日本という名の国が誕生する前後、列島で何があったか。

この本を読み進めれば、マインド・コントロールはおのずと解けるはずだ。近い将来、ここで論証する仮説が、日本人の常識となっているかもしれない。

日本神話にあるエピソードや歴史上の事象などは、ざっくり三つに分けて語ることにする。

カテゴリーa　史実の可能性が高いもの
カテゴリーb　史実とは言い切れないもの
カテゴリーc　創作されたもの

（注：本書はノンフィクション作品であり、登場する人物、団体などはすべて実在するものです。ただし、神々は「?」です。
推理小説や推理ドラマは、読者や視聴者の視点からふたつに大別できます。
A型：犯人（結論）が最後のほうまでわからない作品
B型：犯人（結論）が最初のほうでわかっていて、アリバイを崩し証拠と論理で追い詰めていく作品（倒叙型）
『刑事コロンボ』『警部補・古畑任三郎』などはB型です。本書の構成は変則的なB型です。それが創作ではなくノンフィクションで、しかも、神話と古代史を題材とするところがポイントです。
本文中の傍線や太字は筆者により、写真もただし書きがないものは筆者の撮影です。）

古代出雲王国考　ヲロチ退治の呪術◉目次

第二章　古代出雲王国の萌芽期　43

第三章　古代出雲王国の隆盛期　63

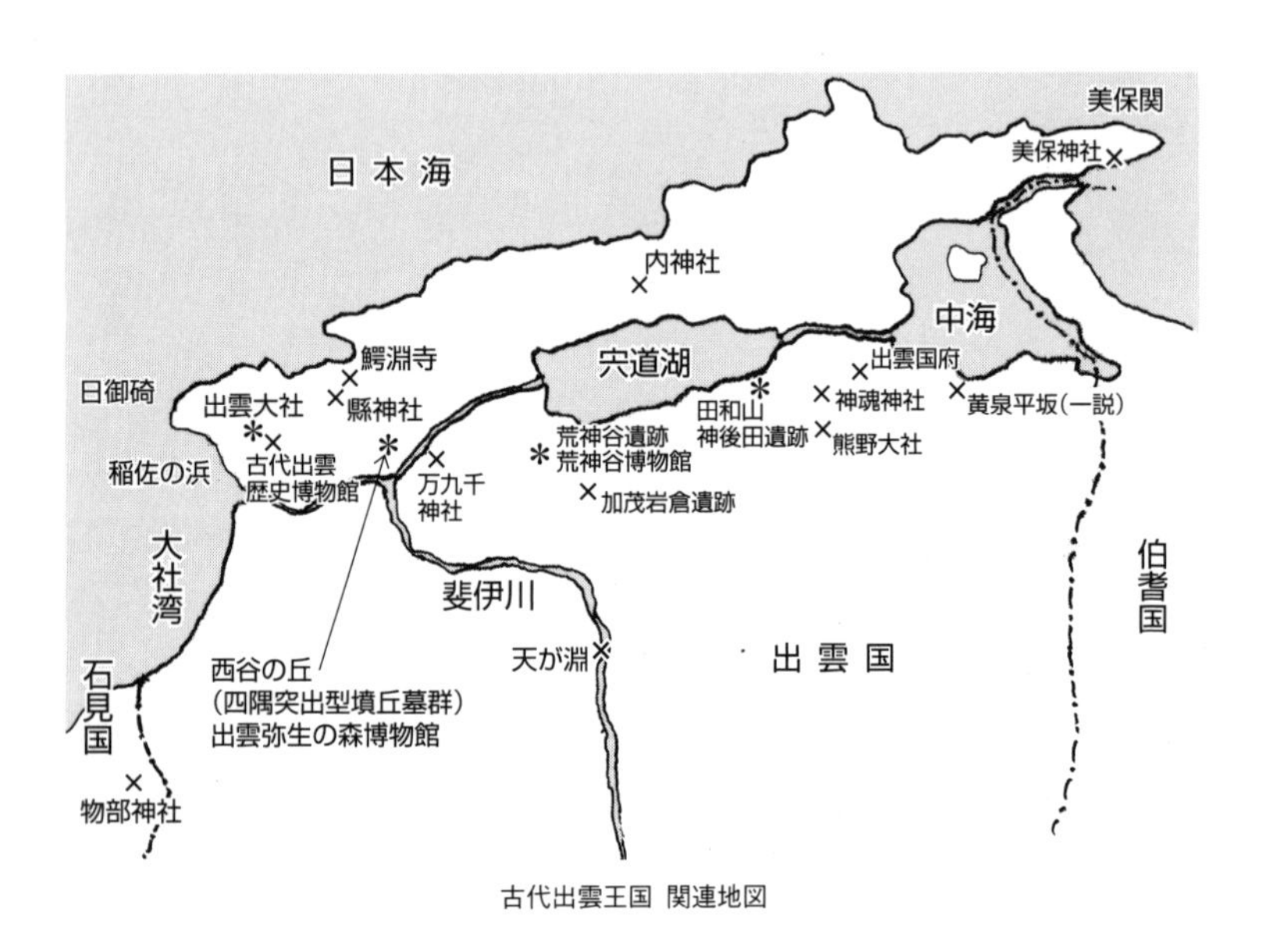

古代出雲王国 関連地図

装幀――市川衣梨

カバー:稲佐の浜と弁天島©山下壮一

古代出雲王国考

ヲロチ退治の呪術

第一章　二神の時系列アリバイを崩す

日本神話の世界で、出雲の大神オオクニヌシは、スサノヲの子ども、または末裔とされる。スサノヲ→オオクニヌシという時系列がある。

『日本書紀』では、オオクニヌシはスサノヲとクシイナダヒメのあいだに生まれた息子神と具体的につづられる。

出雲大社本殿の真裏に建つスサノヲを祀った素鵞社（そがのやしろ）にある表示板にもこう明記されている。

〈素戔嗚尊は、……奇稲田姫を御妻として大国主大神をお生みになられました〉

これは『日本書紀』の記述にもとづいた表示だ。

だが、それは神話とはいえ、筋が通っているだろうか。じつは、本作品テーマの核心にふれることだ。

まず、この二柱のスター神の関係性について考える。

スター神の実在度数

日本の八百万（やおよろず）の神々について識者が語るとき、一般に、その神が実在の人物を神格化したものか創作されたものかを明示しない。実とも虚とも判断がむずかしいと、潜在意識の領域で考えているためではないか。また、ごく一部には、すべての神々はもともと人物として実在していたとする識者もいる。

西洋のキリスト教圏などでは、正か邪か、天使か悪魔かと二元論でものごとをとらえてきた。従来のコンピュータも0と1の二進法だ。

しかし、二一世紀のいまは新しい時代にはいった。量子コンピュータも0と1の重ね合わせとされるように、令和のいまは二元論を超える時代とも言える。

そこで、神々について、実か虚かの二元論的な発想ではなく、「実在度数」という考え方を用いたらどうだろう。

素戔嗚尊

スサノヲは、『記・紀』によるとイザナキ（とイザナミ）の子として生まれた。長姉はアマテラスであり、本来なら天つ神とされるところだ。しかし、高天原（たかまのはら）で乱暴狼藉をはたらいて追放され、出雲の地へ降りてくる。そこでヲロチ退治などをしたことから、出雲の祖神とみて国つ神にいれる識者もいる。

天つ神（天津神）の〈ツ〉は所有格助詞で、「高天原の神」の意とされる。国つ神（国津神）は、おなじく「国＝地上の神」のことだ。

『記・紀』などにはスサノヲの子や孫などの名前も出てくるが、いずれもリアリティーや事跡が乏しい。スサノヲの乱暴狼藉のエピソードは、それをある程度まで受け入れるアマテラスの寛大さを際立たせるために描かれたのではないか、との説もある。

『出雲国風土記』をみると、スサノヲについての伝承は一一か所あり、農業にかかわる事績もみられる。『古事記』では、高天原を追われたスサノヲが、オオゲツヒメ（偉大な食べ物の女神）から食物をもらいながら、それが鼻や口、尻から取り出されたため、わざと汚しているのだろうとヒメを斬り殺す。その遺体からは蚕や稲、粟、小豆、麦、大豆が生まれる。

　こうした点から、スサノヲは弥生時代の農業指導者がモデルではないか、と考えられる。日本とおなじ多神教であるインドのヒンドゥー教でも、つぎつぎと、偉大な人物などが新しく神とされ崇拝されるそうだ。それを、筆者にインド人の親友が教えてくれた。

　スサノヲは、出雲の山間部あたりにモデルとなる人物がいたか、もとは農民らにほそぼそと信仰されていたローカル神だったかもしれない。朝鮮半島からの渡来氏族とする説、スサノヲの原像は紀伊（和歌山県）の伊太祁曽神社の祭神イタケルとす

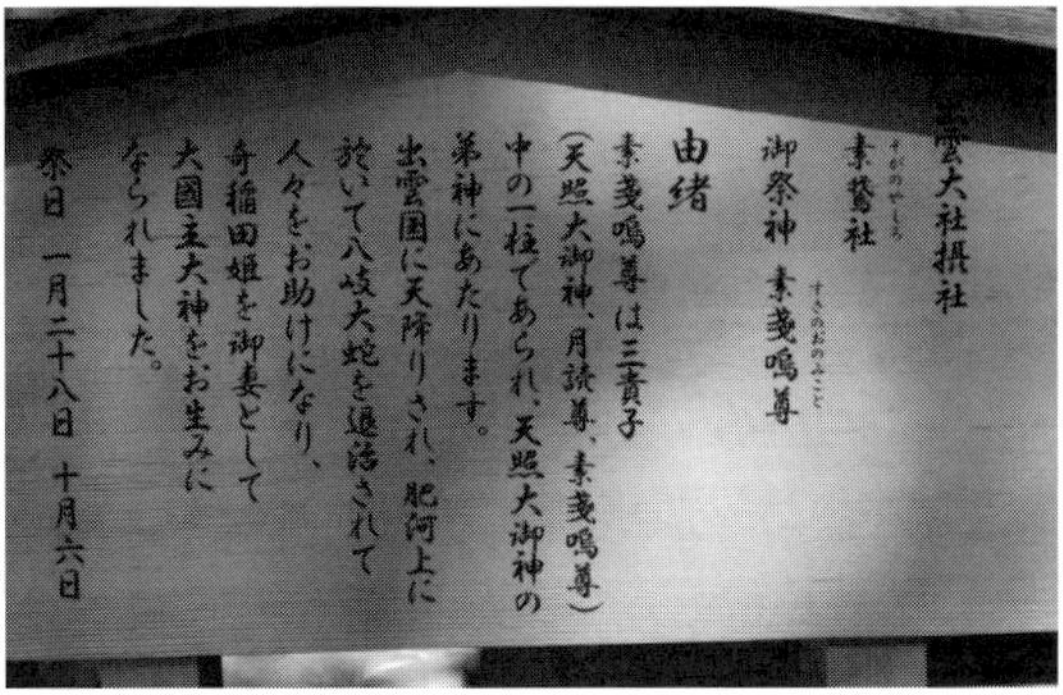

出雲大社摂社・素鵞社の素戔嗚尊由緒

る説などもある。

オオナムチ（オオクニヌシ）のように神格を表す接尾辞の「チ」がつかず、本来、スサノヲは単に地名から「須佐の男」とする見方もある。

スサノヲが初めて登場する文献は『古事記』で、それにつづくのが『日本書紀』であり、その編纂者らがあのキャラクターをつけ加えたのではないか。

その解釈でいいのだろうか。島根県立図書館の郷土資料室（以下、島根・郷土資料室）に調べてもらった。返信メールはすぐにきた
〈『古事記』に「須佐之男命」「建速須佐之男命」「速須佐之男命」「須佐能男命」とあるのが初出です〉

やはり、スサノヲの初出文献は『古事記』だった。『神道史大辞典』、『国史大辞典』、『日本神祇由来事典』、『日本の神仏の辞典』を参照してくれたという。

『古事記』研究の三浦佑之氏なども指摘するように、『古事記』以前にもさまざまな歴史書が存在した。「旧辞」と呼ばれ「くじ」とも読む。神代のさまざまな伝説、歴代天皇の説話、歌物語の類がある。「帝紀」（帝皇日継）とともに『古事記』編纂の主な資料となり、『日本書紀』の編纂にも使われたとされる。

だが、『記・紀』以外の歴史書は、おそらくヤマト王権によって抹殺された。古代中国・秦の思想弾圧事件「焚書坑儒」と同様のことがあったのではないか。焚書は「書を燃やす」こと、坑儒とは「儒者を坑（穴）に生き埋めにする」ことを意味する。ヤマト王権が他の歴史書の編纂者らを生き埋めにしたとは思えないものの、弾圧と言論統制はあったのだろう。

一説には、六四五年の中大兄皇子（天智天皇）らによる蘇我入鹿暗殺事件「乙巳の変」の際、蘇我蝦夷が大邸宅に火をかけ自害し、朝廷の書庫も燃えて歴史書が失われたという。

『記・紀』には、アマテラスとスサノヲの有名な誓約神話がある。その成立時期について、井上光貞氏は、こう述べている。

〈この神話も、太古悠久の昔から伝えられていたと信じられる保証はまったくない〉〈記紀神話の一般的性質からみると、古く遡っても六世紀中葉以後、おそらくは七世紀になって記録せられ、そうして八世紀はじめ記紀が編纂されるころには……種々の異伝を生じていた、そうした由来と沿革をもつとしかいいようはない〉（『日本古代の王権と祭祀』東京大学出版会　一九八四年）

スサノヲが登場する神話は、ヤマト王権から律令国家体制へと移る時代、おもに『記・紀』編纂時に創作されたものではないか。

島根・郷土資料室のメールには、『記・紀』以前にスサノヲが信仰されていた可能性についても、詳しく書いてあった。それによると、埼玉県さいたま市大宮区の氷川神社や和歌山県田辺市本宮町の熊野本宮大社の社伝にも、スサノヲが登場するという。

しかし、欠史八代などのこととされ、スサノヲがはじめてきちんとした文献に登場するのは、やはり『古事記』ついで『日本書紀』と言えるようだ。欠史八代とは、『記・紀』に系譜（帝紀）は存在するものの、その事績が記されない古代八人の天皇、あるいはその時代を指す。

神社が好きな出雲の銀行家だった山根良夫さんから、つぎのようなＬＩＮＥが来た。彼は筆者の高校の部活の後輩で、島根銀行の頭取を勇退したあと、夫婦どうしで交流している。

〈大田市での仕事のついでに、大岬灯台をみて帰ろうと思い向かったところ、この神社があったの

で寄りました〉

筆者も聞いたことがない韓神新羅(からかみしらぎ)神社だった。出雲市の西となり大田市の五十猛町(いそたけちょう)大浦にあるという。神社の由緒を書いた案内板の画像も、山根さんは送ってくれた。こう記されている。

〈韓神新羅神社は、地元では「大浦神社」「明神さん」と呼ばれている。……祭神は武進雄尊（天照大神の弟君）であり、出雲の国で八岐大蛇を退治して、その御子、三兄妹を連れて韓国に渡り植林の技術を伝え、また、母神のまします日本に帰って来られ、その時、まずこの地に上陸されたという神話が残っている。（以下略）〉

スサノヲの漢字表記がめずらしい。ヲロチ退治のあと朝鮮半島で植林の技術を教えたというエピソードは初めて聞いた。ヲロチ退治はともかく、案外、この植林指導の伝承は《カテゴリーa 史実の可能性が高いもの》ではないか。

『日本書紀』にはその別バージョンがある。スサノヲが、〈子神イタケルの治める国に舟がないとよくない〉と言い、髭を抜いて杉、胸の毛を抜いて檜(ひのき)にしたなどと描かれる。

韓神新羅神社（山根良夫氏撮影）

スサノヲのモデルは農業指導者かと思っていたが、この情報から林業も加え、農林業指導者と考えることにする。

スサノヲは、荒ぶる神として古代史ファンにも人氣は高い。とは言え、人物モデルがいたとしても『記・紀』神話のイメージとはかけはなれている。実在度数一〇パーセント以下の、『記・紀』によって神々の世界に本格デビューした神と言っていいだろう。
それだけに、むしろ制約をうけず、高天原（天上の世界）や葦原の中つ国（地上の世界）、さらに根の堅州（かたす）の国（説明は後述）にわたって派手に活躍する。だが、これらの事跡は明らかに《カテゴリーc　創作されたもの》だ。
〈スサノヲをめぐる神代史の記述は、すこぶる不安定であるといってよい。ほんらい荒ぶる神＝国つ神としてあったスサノヲの神話が、高天原系の天つ神の神話に付会（ふかい）されたために、こうした混乱がおこったともいえよう〉（上田正昭『新版　日本神話』角川ソフィア文庫　二〇一〇年）
スサノヲは、つまり、本来は別々の系統であるヤマト神話と出雲神話をつなぎ、プロットをダイナミックに展開するトリックスター神と言える。
「トリックスターとは、神話や民間伝承に現れるいたずら者。秩序の破壊者であり、善と悪など矛盾した性格の持ち主で、対立した二項間の仲介・媒介者の役目を果たす」（デジタル大辞泉）
スサノヲは、歳月を経て人びとに崇敬されるうち、神威を高めてきた。いまや、スサノヲは、日本神道において有数の偉大な神であり、トップ級のスター神でもある。だから、神話はおもしろい。

大国主神

オオクニヌシは、ゲーム用語で言えばラスボスのような存在だろう。『記・紀』や『出雲国風土記』で描かれた事績は、圧倒的存在感をもつ。大国主神（オオクニヌシノカミ）、大国主大神、大穴牟遅神（オオアナムチカミ）、大己貴命（オオナムチノミコト）、於褒婀娜武智（オホアナムチ）、さらに大穴持命（オオアナモチノミコト）（『出雲国風土記』、『伊予国風土記』逸文での表記）、大汝命（オオナムチノミコト）（『播磨国風土記』での表記）などたくさんの別名をもつ。一説に、オオクニヌシは二四もの名前をもつという。
『古事記』に出てくる沼河比売（ヌナカワヒメ）との歌謡（歌物語）で、オオクニヌシは八千矛神（ヤチホコノカミ）と呼ばれる。一般には「ひじょうに多くの矛をもつ神」つまり大きな武力をもつ神の意と解されている。

この神名について、父の跡をつぎ出雲の古社・万九千（まんくせん）神社の宮司となった錦田剛志（にしきだつよし）さんから、次のようなことを聞いた。彼は、出雲大社東となりに建つ島根県立の古代出雲歴史博物館（以下、出雲歴博）の創設メンバーだった。その専門学芸員を四〇歳で退職し、万九千神社などを建て替え遷宮した敏腕家だ。考古学の専門家であり、古代史や神話、神道などにもくわしく、テレビで解説番組をもつ出雲の著名人でもある。筆者の高校の後輩で、この作品を書くにあたってアドバイザーとなってくれた。

「あの八千矛というのは、男根のことだという説もあるんですよ」

万九千神社の社務所で、筆者は思わず「おおっ！」と声を出した。この本を書くための取材で、もっとも感動した情報のひとつだった。男性が憧れる無尽蔵の精力を誇る神ということだろう。錦田さんは、学習院大学名誉教授の吉田敦彦氏（比較神話学）がそれについて詳しく書いている、と教えてくれた。

さっそく吉田氏の著作『日本神話の深層心理』（大和書房　二〇一二年）を取り寄せた。

〈オホクニヌシが八千本も持っているという彼の矛を使って、敵と戦ったということは、神話のどこにも物語られていません。ヤチホコの神という渾名（あだな）で呼ばれるこの神の事績として語られているのはただ、彼がした女神たちとの結婚のことだけです。

このことからヤチホコの神という呼名の中に出てくる矛が、オオクニヌシにとって敵と戦うためではなく、女神たちとの結婚つまり媾合（こうごう）を遂げるために、肝心だった用具を指していることが明らかだと思われます。矛に擬（なぞら）えられる交合のための具と言えばすぐに思い浮かぶのは、矛のように雄大に勃起（ぼっき）した男根です。つまりヤチホコの神というのは、行く先々で女神と交合し、受胎させては出産させてまわるこの神が、巨大な陽根を無数に持つと思われるほど、旺盛な精力がまさに無尽であることを、驚嘆の念をこめて讃えた呼名だったと思われるわけです〉

オオクニヌシが武器（武力）を使って敵と戦ったことが神話のどこにも物語られていない、という吉田氏の指摘は、本書のテーマに直結する指摘だ。ただ、『出雲国風土記』などには、戦ったかもしれない事跡が少しだけ出てくる。

さて、オオクニヌシは、『古事記』のつぎのくだりでは、オホナムジと呼ばれる。ある姫神への求婚問題で兄弟の八十（やそ）の神がみを怒らせ、スサノヲが支配していた根の堅州（かたす）の国へ逃れる。根の堅州の国とは、死者のいく黄泉の国と同一視する説もある。だが、三浦佑之氏はこう説明している。〈大地の下にある堅い砂でできた国〉〈あらゆる生命力の宿る根源の世界であり、黄泉の国とは別の異界〉（『口語訳　古事記　神代篇』注釈　文春文庫　二〇〇六年）。

オホナムジはここでスサノヲから葦原色許男（アシハラノシコヲ）（地上の現実の国にいる勇猛な男。他の解釈も）とされ、さまざまな試練を受ける。このエピソードは、いかにも神話的な《カテゴリーc　創作されたもの》ではある。

だが、『出雲国風土記』では、つぎのように最大級の呼び名で特筆している。

「天の下造らしし大神」（二一例）

「天の下造らしし大神命」（八例）

「天の下造らしし大神大穴持命」（七例）
「天の下造らしし大穴持命」（一例）
『記・紀』の《カテゴリーc　創作されたもの》をのぞけば、オオクニヌシの事績にはとてもリアリティーがある。
必ずしも、ある特定の一柱の神ではないかもしれない。出雲に君臨した偉大なリーダー（大王）、またはその記憶、あるいはその系譜を象徴する集合体としての神か。出雲の政治文化そのものの象徴とも考えられる。しかし、それはけっして観念的な存在ではなく、モデルの実在度数は九〇パーセント以上あるように思う。

ヤマト王権→律令国家体制の正当性・正統性と『記・紀』

『古事記』と『日本書紀』について、三浦佑之氏はこう述べる（『週刊朝日ムック　歴史道 Vol.12』二〇二〇年）。

〈当時、さまざまな歴史書が伝えられており、そのなかの一つが『古事記』であった。それに対して、『日本書紀』は、まさに国家の正史として編まれた〉

『日本書紀』は、中国で歴代の各王朝がもっとも正統とした紀伝体の史書を模範とし、律令国家の正史として企画・編纂された。公式見解の歴史書「正史」であり、とくに天武（てんむ）天皇朝において統治の確立をねらったものとされる。

一般に、ヤマト王権という呼称は、三世紀半ばころからの中央権力の集合体を指し、律令国家として「日本」という国号が定着する八世紀初頭までそう呼ばれる。以後は、律令国家体制（朝廷）

と本書では呼ぶことにする。

ただ、律令国家について、東大史料編纂所教授の本郷和人氏は「定説」を疑い、こう分析している。

〈律令とは、当時の現実からかけ離れた「絵に描いた餅」だったのではないか。「次第に崩れていった」のではなく、はじめからうまく機能していなかったのではないか〉（『日本史を疑え』文春新書　二〇二二年）

本書では、その指摘をふまえた上で、律令国家という言葉を使うことにする。

天武は、兄の天智天皇の皇太子・大友皇子に対し、六七二年、挙兵し勝利して即位した。古代日本最大の内乱「壬申の乱」だ。それだけに、王権の正当性・正統性が問われていた。『日本書紀』こそ、勝者・天武天皇が息子の舎人親王を編纂責任者にして作らせた正史だった。

そこで注目されるのが藤原不比等だ。日本の古代政治史を専門とする大山誠一・中部大学名誉教授は、こう述べる。

〈壬申の乱で勝利した天武天皇が専制権力を確立し、中央集権的な改革を断行したというのが普通の教科書的な理解〉だが、〈天武には政治力はなく、その政権はまともに機能していなかった〉。そして、〈天武朝の政治改革というのは藤原不比等が政治の表面に登場する天武十年以後のことであり、その政治改革は、すべて藤原氏の支配に結びついていた〉（『神話と天皇』平凡社　二〇一七年）

藤原不比等は、『記・紀』の編纂によって神話を創作し、天皇を神格化するとともに、それを民衆に周知徹底させることをねらったとされる。古代史ファンにはよく知られている話だろう。

不比等は律令国家の建設を大義名分として、じつは藤原家の独裁体制確立をねらった、とみる識者もいる。
別の側面で、こういう指摘もある。
〈天武天皇は、新たに陰陽師の役所・陰陽寮を設立した。……壬申の乱で天武天皇は、陰陽道における占いの道具「式盤」を駆使して勝利を導いたとされ、『日本書紀』には「天文・遁甲（占術）の術に長けている」と記されている。天武天皇は高いレベルの呪術師でもあった〉（加門七海監修『呪術の日本史』宝島社　二〇二二年）
〈奈良時代には呪術に関する諸制度がつくられた。奈良時代は律令国家が完成した時代といわれる。律は刑法、令はそれ以外の行政法・商法・民法にあたる法律のことで、この律令を制定する朝廷を中心とした統治体制を示す。この律令制に呪術も組み込まれた〉（同）
呪術を英語に訳すとmagicとなる。日本語のマジックとはまったく語感がちがい、むしろ「魔術」に近いだろう。
二〇一九年五月、平成から令和へと代わった。この天皇の御代替わりに先立ち、「斎田点定の儀」がおこなわれた。皇位継承の一世一代の重大な祭祀である大嘗祭で使う新米の収穫地（斎田）をどこの都道府県のものにするかを決める秘儀だ。亀の甲羅を焼いてできたヒビで吉凶を観る占いで、亀卜と呼ばれる。古代中国・殷の時代から盛んにおこなわれていた。その後、中国では衰退したものの、日本に伝来し、天皇家ではいまも受け継がれている。
このように、代々の天皇には、親子相伝で秘儀が伝えられてきた。呪術と言えるものだが、その内容のほとんどは明らかにされていない
七〇一年に成立した『大宝律令』は、刑部親王や藤原不比等らが編集したもので、初めて律と令

〈法令〉をそなえたものだった。このころ、国名も小柄、従順を意味する「倭」から、太陽の昇る地を意味する「日本」と名乗るようになった。〈天皇の統治、法令、国号の三つが出そろい、わが国は国家として出発した〉（国際日本文化研究センター教授・倉本一宏氏）

　これによって、ヤマト王権は日本という国となった。当初は「日本」と書いて「やまと」と訓じたとの説もある。大王（おおきみ）に代わる新しい君主号を、正式に「天皇」と定めた。

　中国歴代王朝などの正史にはない特徴が、『日本書紀』にあることに、筆者は注目する。正伝〈本文〉のほか、それぞれの章に別伝を記す「一書」が付記されている。ある章には、一一もの一書がつけ加えられている。「いっしょ」または「あるふみ」と読む。『記・紀』以前のさまざまな文献から引いてきたものと考えられている。

　正史は、本来なら一本にまとめる。したがって、諸説を併記する『日本書紀』のケースは、古今東西の正史で例外的かもしれない。

　さて、スサノヲとオオクニヌシの関係性については、重大な問題があるように思う。この二柱それぞれの時代は、時系列が逆転しているか、時系列で考えること自体がナンセンスと筆者はみる。ここで、「時系列アリバイ」という概念を想定し、以下、五つの根拠でそれを崩す。

一　二番目の完成形和歌

ヲロチ退治

　わが国で五七五七七による最古の和歌とされる一首は、『記・紀』のヲロチ退治のエピソードのすぐあとにつづく。

スサノヲは、高天原（たかまのはら）を追放され、出雲の山間地におりてきた。そこで老いた夫婦とその娘クシイナダヒメに出会う。聞くと、ヤマタノヲロチが、毎年、老夫婦の八人の娘たちをつぎつぎと喰らい、今年はクシイナダヒメが食べられる番だと親子で泣いている。

スサノヲは、姫を嫁にくれるならヲロチを退治しよう、と言い、酒を入れた八つの樽を用意させる。ヲロチが現れ酒に酔ったところを、スサノヲは自分の十拳（とつか）の剣（つるぎ）（十握（とつか）の剣）で斬り刻んで退治する。その際、ヲロチの尾から剣が出てきた。『古事記』によれば、これが「都牟刈之大刀（ツムガリの太刀（たち））」であり、のちに「草那藝之大刀（草薙剣（くさなぎのつるぎ））」と名づけられた。もとの名は「天叢雲剣（あめのむらくものつるぎ）」という。

スサノヲは姫を手に入れ、出雲の地に宮を構え住むことにする。宮を作ったとき、宮を包み込むように雲が立ち上がり、それをみたスサノヲは歌を詠む。

スサノヲの和歌

八雲立つ　出雲八重垣（やえがき）　妻籠（つまご）みに　八重垣作る　その八重垣を（『古事記』現代表記）

八雲立つ　出雲八重垣（やえがき）　妻籠（つまご）めに　八重垣作る　その八重垣を（『日本書紀』現代表記）

現代語訳のひとつをあげておく。他の識者らの訳も大意はおなじだ。

〈八重にも雲のわき立つ　出雲の八重の垣よ　共寝に妻を籠（こ）めるに　八重の垣を作るよ　そのすばらしい八重の垣よ〉（『口語訳　古事記　神代篇』三浦佑之訳　文春文庫）

オーパーツ和歌

『古事記』と『日本書紀』両書には、それぞれ冒頭に神々の物語をつづった神代篇(かみよへん)がある。それを中心として、後世、日本神話と呼ばれるようになった。

伝スサノヲ作の和歌は、神代篇で突出している。完全に〝浮いている〟状態なのだ。

それは、オオクニヌシらが活躍する『記・紀』神話に、五七五七七の完成形和歌があの一首以外には存在しないからだ。つまり、時代的にありえないオーパーツのような存在なのだ。

オーパーツとは、ウィキペディア日本語版によると、次のように解説されている。

〈それらが発見された場所や時代とはまったくそぐわないと考えられる物品を指す。英語の「out-of-place artifacts」を略して「OOPARTS」とした語で、つまり「場違いな工芸品」という意味である〉

日本語では「時代錯誤遺物」「場違いな加工品」と意訳されることもある。

最古から二番目の和歌

スサノヲの和歌が最古とされるなら、日本で二番目に古い完成形の和歌は何か。これについて、和歌史や文献史学、日本神話の専門家らに手紙やメールなどで問い合わせた。しかし、明確な答えはえられなかった。どうやら誰も知らないのだ。

理系の人間だったら、一があればその前後の〇や二、三は……と考える。体育会系なら一位のあとの二位、三位を意識する。二番目、三番目の和歌について誰か研究していてもよさそうに思えるのだが。

なぜ、筆者が二番目の和歌にこだわるか。それはこう考えるからだ。あの一首は、二一世紀の現代にまでつながる完成形の歌だ。もしスサノヲがそれを詠んだのなら、子孫に引き継がれるのが自然だと思える。

それなら、オオクニヌシも伝統あるいは嗜(たしな)みとして五七五七七の和歌を詠んでいたはずではないか。時系列から言って、その一首は最古から二番目または◎番目として、世に知られるのが当然ではないか。

じつは、『日本書紀』には、第一〇代崇神天皇の六〇年条に、字余りながら和歌があり、それが二番目といえるかもしれない。出雲臣の先祖の出雲振根(いずもふるね)が、弟の飯入根(いいいりね)をあざむいて斬り殺したさい、世間の人が詠んだとされる歌だ。神代篇のものではないし、スサノヲの子も孫も関係ない。

五七五七七韻律の源流

五七五七七は三十一(みそひと)文字とも呼ばれ、母音の数が原則として三十一ある韻律ということだ。その韻律について調べると、源流はタミルにあるという。高名な国語学者だった大野晋(すすむ)氏の『日本語の源流を求めて』（岩波新書　二〇〇七年）には、次のように書かれている。

〈五七、五七がくり返され最後に七で終わる韻律をもつ歌は、韓国にも中国にもない。……ところが、約二〇〇〇年前のタミルの「サンガム」という歌集の中に、日本の長歌、短歌の韻律と同じ形式の歌がたくさんあることが分かった〉

タミル語を話す人びとはインド南東部とスリランカ北東部にいる。筆者は新聞社のニューデリー特派員をしていたとき、タミル内戦の取材で何度か一帯を訪れたことがある。スリランカ政府軍とタミル人過激派が長年にわたって交戦し、テロが頻発、インド軍も一時介入するなど危険な地域だった。二〇〇九年には内戦も終結している。

そのタミル地域の古代に、現代日本へ連綿とつづく韻律の歌のルーツがあるというのだ。

タミル語の母音は、アイウエオとその長母音の計一〇個あるそうだ。大野氏は、恋愛や男女別離、夫婦愛の歌など長歌、短歌の豊富な実例をあげている。

〈これは日本からタミルへ移っていったのではなく、我々が愛好し、数々の名作を生んだ和歌の韻律が、実はタミルからの伝来であることを示している〉

韻律だけでなく『万葉集』『古今集』の歌の分類法についても共通性がある。

タミル語が使われる地域

〈一九九九年、私が一一人のタミル語学者を招待して学習院大学でセミナーを行なったとき、参加者の一人、タミル言語学界の長老アゲスティアリンガム教授は日本の相聞（そうもん）・雑歌（ぞうか）の韻律と分類の説明を聴いて、タミル文学にだけある特徴と思っていたが、日本にも同類があったと、驚きのスピーチをした〉

タミルの地ですでに西暦の紀元ころには広まっていた五七五七七韻律の歌とその分類法が、わが国に伝わり定着した。それまでには、かなりの時間が必要だっただろう。

やはり、スサノヲ作とされる和歌は、少なくとも六世紀以降、おそらくは七世紀末から八世紀初頭、『記・紀』

の編纂者つまりゴーストライターによって創作されたものだ、と筆者は推定する。最古から二番目の歌が『記・紀』になく、また、それがどの和歌に該当するか、専門家らにもまったく知られていないという事実が傍証となる。

その韻律を『記・紀』が採用したのは、革命的なことだったと想像する。たとえばずっと後世、ベートーヴェンが交響曲第五番『運命』でいきなりCマイナー（Cm）のクライマックスからはいり、ヨーロッパの音楽界に与えた衝撃のようなものがあったのではないか。

五七五七七、五七五の韻律は、『記・紀』以降、日本人の琴線に触れてきた。長い歳月のあいだにわれわれの感性にすっかりなじみ、和歌や俳句として詠まれつづけている。

伝スサノヲ作の一首は、古代でも現代でも、特別な存在感をもっているように思える。『記・紀』につづられた神々の系譜の整合性を重視するなら、スサノヲが打ち出した詩歌の伝統が受け継がれ、オオクニヌシによる五七五七七の和歌もそこに載っていてしかるべきではないか。しかし、それは後世のだれも知らず、『記・紀』にもない。

スサノヲ→オオクニヌシという時系列は崩れるのではないか。

二　和歌の祖　二説

和歌にみる時系列の逆転について、山根良夫さんが、こんな鋭い指摘をしてくれた。

「福岡県の宗像(むなかた)大社の三女神のうち奥津宮の多紀理比売(タギリヒメ)とオオクニヌシのあいだの子神、下照比売(シタテルヒメ)は、〝日本の和歌の祖〟とも言われてますよね。五七五七七調の和歌ではないですが、これも時系列の矛盾を示しているのでは」

それは知らなかった。ネット検索すると、〈やまとうた〉というサイトにあった。それを参考にして記す。

下照比売（別名：高比売）は、『古事記』に一首、『日本書紀』に二首の歌を伝えるという。そのうち、最古とされるのがこれだ。下照姫の亡くなった夫アメノワカヒコと姫の実兄アヂシキタカヒコネがそっくりで、まちがえられたという逸話についての一首だ。

天なるや　弟棚機の　項がせる　玉の御統　御統に　あな玉はや　み谷　二わたらす　阿遅志貴　高日子根　の神ぞ　（『古事記』）

〈天においでの、織姫が、首におかけになっている、玉の首飾り。その首飾りの、穴のあいた玉みたいに光っていますよ。でも実は違うのですよ。あれは、谷二つにまたがるほど長い（蛇のような）体の、阿遅志貴高日子根の神なのですよ〉（折口信夫の説を参考に木佐訳）

伝下照姫作は非完成形、伝スサノヲ作は五七五七七の韻律による完成形の和歌、と言える。

『古今和歌集』（九一三〜九一四年ころ成立）の紀貫之が書いた仮名序は、初めて本格的に和歌を論じたものとされ、和歌の起源についてこうつづっている（全編ひらがなの原文を漢字、カタカナ混じりにした）。

〈この歌、天地の開けはじまりけるときより出で来にけり。しかあれども、世に伝はることは、ひさかたの天にしては下照姫にはじまり、あらかねの地にしてはスサノヲよりぞ起こりける〉

〈この歌〉とはやまと歌＝和歌、〈あらかねの地〉とは葦原の中つ国（地上世界）のこととされる。天上の世界では下照姫作が、地上ではスサノヲ作が、世に伝わる最初の和歌だということだ。しかし、下照姫は、宗像三女神の一柱タギリヒメを母にもつとはいえ、国つ神の代表格であるオオクニヌシの子神であり、それを天つ神とするには無理があるように思える。じっさい、『古事記』および『日本書紀』正伝によれば、葦原の中つ国に住んでいた。

その和歌が〈天においでの織姫〉の名を出してはいても、下照姫の夫と実兄はそっくりだがこっちは兄のほうだ、という有名な地上でのエピソードを歌っており、貫之が言う〈ひさかたの天にしては〉という表現はおかしいのではないか。

ぎゃくに、スサノヲと言えば、本来は天つ神ながら地上世界におりて活躍した。スサノヲをたんに地上の存在とすることも、『記・紀』神話のなかで無理があるように思える。これについては、識者で見解がわかれる。

〈ちはやぶる神世には、歌の文字も定まらず、素直にして、事の心分きがたかりけらし。人の世となりて、スサノヲよりぞ、三十(みそ)文字あまり一(ひと)文字は詠みける〉

貫之は、文字の数が三一と定まったのもスサノヲからだとする。『記・紀』は漢字の音を借用して用いた万葉仮名でつづられており、文字と母音の数がほぼ一致する。

天上と地上のちがいではなく、非完成形と完成形の和歌それぞれの起源にかぎって言及していれば問題はなかった。

それとも、貫之は、〈人の世となりて〉としており、ヲロチ退治を地上世界の現実のことと認識していたのだろうか。それなら、それはそれで興味深い。

仮名序には、ひとつの謎があると言える。一般的に言って、古い文献の謎めいた記述にはなんらかの意図が隠されているケースがある。

貫之は、伝スサノヲ作を最古の和歌とすればいいところ、わざわざ下照姫にふれ、しかもスサノヲより先にもってきている。スサノヲがオオクニヌシ父娘よりずっとのちの世代だったことを知っていながら、それを書きのこすことはためらい、あえて謎めいた文をつづったのだろうか。

三　古代の蛇信仰

旧暦一〇月の神無月に全国の神々が出雲に集まり、出雲では神在月と呼び、神集いという言い方もある。出雲大社がおこなう神迎え神事では、西方の稲佐の浜で神々が宿るための神籬と龍蛇神が祭られ、神迎えの祝詞がおごそかに奏上される。

龍蛇神は和名セグロウミヘビ（背黒海蛇）で神々の先導役であり、出雲大社の主祭神オオクニヌシの使いとも言われる。セグロウミヘビの尾には亀甲紋があり、出雲大社の神紋も亀甲紋（二重亀甲に剣花菱紋）だ。この神紋を「竜鱗の剣花菱紋」とする説もある。いずれにせよ、竜蛇にまつわる紋だ。

出雲大社の神紋・亀甲紋（二重亀甲に剣花菱紋）

古代出雲を語るとき、蛇と龍の歴史にふれないわけにはいかない。歴史家の吉野裕子氏は、蛇信仰を研究する学者で、こう書いている（『蛇　日本の蛇信仰』講談社学術文庫　一九九九年）。

〈私は三十年来、「原始日本蛇信仰」と中国の古代哲学「陰陽五行」を、日本の祭りおよび歳時習俗推理の二本の柱としてきた〉〈本書は、その土俗の祭りの根幹にあるものを「蛇」として捉え、その蛇を祀る蛇巫存在の推理、および、それに付随する祭祀の諸相、日本

古代哲学の考察をそのテーマとする〉

吉野氏がみずから「蛇三部作」と呼ぶ書のひとつは、次のように書き出されている（『山の神易・五行と日本の原始蛇信仰』同、二〇〇八年）。

〈日本の古い社の祭神の起源、原像を探ると、伊勢神宮、賀茂、稲荷、諏訪等の大社をはじめ、ほとんどの場合、その行きつく先にあるものは祖霊としての蛇神である〉

吉野裕子氏によると、注連縄はオスとメスの蛇が交合している姿を表す。したがって、すべての神社や神道の聖地には、二一世紀のいまも、蛇の象徴が掲げられていることになる。

蛇の古語はカカ、カガであり、カガミも蛇とつながり、正月に飾る鏡餅は蛇がとぐろを巻いた姿だ、と吉野氏は解釈する。

吉野氏は、蛇信仰の萌芽期をつぎのように整理している（『蛇　日本の蛇信仰』）。

第一義：女性の蛇巫が神蛇と交わる

第二義：神蛇を生む（捕らえてくる）

第三義：蛇を飼養し祀る

第一義はじっさいには不可能なため、とぐろを巻いた蛇に見立てられた円錐形の山の神、あるいは蛇の身体に似た樹木、石柱など代用神や代用物と蛇巫が交合のしぐさをする。第二義、第三義の説明はいらないだろう。

つまり蛇信仰とは、本来、神である蛇のDNAを受け継ぐ存在を信仰することでもある。

オオクニヌシは蛇の神だった。それを疑う識者は、筆者の知るかぎりいない。大己貴命という本来の神名は「偉大な蛇の貴神」を意味するとされる。「己」は蛇の形からつくられた文字とされる。

巳年の巳もそうだ。

吉野氏は、ヲロチ退治のエピソードについて、つぎのように書いている（『山の神』）。

〈老夫は「自分は大山津見神の子で、名は足名椎、妻は手名椎、娘の名は櫛名田姫という。自分らには八人の娘があったが、ヤマタノヲロ**チ**に年毎に奪られ、今年もその時期が来たので、こうして泣いている」と、スサノヲ命に告げる。

（中略）

まず、「山津見」であるが、これは、山の蛇であって、山神は蛇であることを暗示している。蛇の子は蛇に相違ないが、そのとおりこの老夫婦の名はそれを物語っている。つまり夫の名は、足無の霊、妻の名は手無の霊とよめるからである。「チ」とは古語で原始的霊格をさし（『岩波古語辞典』）、蛇にはよく用いられ、ヲロ**チ**、カガ**チ**、あるいはタケミカツ**チ**などもその例である。

手と足がないのは蛇の一大特徴であるから、四肢のない神霊、というのは蛇を措いては考えられない〉

そして〈祖父・両親が蛇であるならば、娘の櫛名田姫も当然、蛇のはずである〉〈ヲロチとは、嶺の霊を意味し、山々の連なりを暗示する「山脈の主」ということになる。つまり古代日本人は蜒々とつづく山脈に巨大な蛇を連想〉したとする。

スサノヲはヲロチ退治の英雄だが、吉野氏はまったく言及せず、蛇の論考の対象にしていない。スサノヲを蛇神とはみなさないということだろう。錦田剛志さんによると、じっさい、『記・紀』その他の文献で、スサノヲには蛇としての伝承も事績もない。

クシイナダヒメには、「霊蛇姫」という字をあて「クシナダヒメ」と読むこともあるそうだ。文字どおり蛇とされるわけだ。

蛇ではない親または祖先から蛇神であるオオクニヌシが生まれることはない。したがってこの点からも、スサノヲはオオクニヌシの親でも祖先でもないと言える。

いっぽう、世界を視野に龍と蛇について研究する静岡大学の荒川紘(ひろし)教授は、こう述べる（『龍の起源』紀伊國屋書店　一九九六年）。

〈蛇にたいする信仰はバラモン教以前のインダス文明にもさかのぼれるように思われる〉〈（ときには毒をもち、怖しい）蛇に敬意を表すことによって、蛇を宥(なだ)めたのである〉

そして、古代人の蛇信仰についてこう書いている。

〈秋には冬眠のために地中に姿を消しても、春になるときまって大地に這いだし、苛酷な環境の中でもしぶとく生きのびる蛇。脱皮をくりかえすことで再生もする。……この強靭さと不死性が、どんな苛酷な自然環境のもとでも作物が生育、確実にみのりの時をむかえてほしいという願望に結びつけられ、豊穣の時をむかえたときには、蛇にたいして「圧倒的な感動」をおぼえたにちがいない〉

〈「海千山千」というのも、蛇も海と山に千年も棲めば龍になると信じられていたことから生まれた俚諺(りげん)にほかならない〉

荒川氏は、龍蛇が信仰され、複数の頭をもつ巨大な蛇や龍を英雄が退治する伝承や神話が世界各地にあることも紹介している。『記・紀』神話のヲロチ退治もそのひとつにすぎない。

四　スサノヲ新羅経由説

『日本書紀』神代上第八段一書第四には、スサノヲが〈新羅を経て出雲国にある鳥上(とりかみ)の峰に下った〉とある。つまり、高天原から朝鮮半島を経由して出雲国へ至ったということだ。

　新羅は古代の朝鮮半島南東部にあった国家で、もともと「斯蘆」（しろ、サロ）と称していたが、五〇三年に「新羅」を正式な国号とした（砺波護、武田幸男『世界の歴史〈6〉隋唐帝国と古代朝鮮』中公文庫　二〇〇八年）。

『記・紀』などは、漢字で記された原文の全編がデータベース化されており、キーワードですぐに検索できる。

『日本書紀』に「新羅」は三四回も出てくるが、「斯蘆」は一回だけだ。これは、『日本書紀』が「新羅」と「斯蘆」を使い分けていることを意味するだろう。

　スサノヲまたはそのモデルとなった人物が出雲へ来たとされるのは、新羅と正式に名乗った六世紀以降とみてまちがいない。後述のように、オオクニヌシの時代はそれよりずっと昔であり、スサノヲの時代ははるかに後世となる。

五　入り乱れる系譜

　日本神話でつづられるスサノヲとオオクニヌシの系譜はめちゃくちゃだ。『日本書紀』の正伝では、スサノヲとクシイナダヒメが夫婦の交わりをして生まれたのがオオクニヌシとなっている。出雲大社の素鵞社（すがのやしろ）の表示はそれにもとづいている。ところが第一の一書では〈五世の孫〉とし、第二の一書では〈六世の孫〉とされる。

『古事記』でもやはり〈六継（むつ）ぎの孫（六世の孫）〉とされる。だが、おなじ『古事記』でも、出雲を離れもともとの望みどおり「根の堅州（かたす）の国」の主（あるじ）となっていたスサノヲを、オオクニヌシが訪れる場面では、オオクニヌシはスサノヲの娘婿として描かれる。

スサノヲの子として描かれるヤシマジヌミ以下の系譜についても、『古事記』では〈十七世〉と書かれているのに、実際に神名をあたると十五世しかいない（上田正昭『新版　日本神話』角川文庫　二〇一〇年）。

『記・紀』などで神々の系譜が矛盾するケースはあるが、スサノヲの場合はあまりにも極端だ。それについてある専門家に質問すると「スサノヲが、それだけいろいろな人びとに信仰されてきたからではないか」と答えた。

そうだろうか。筆者が警察担当の記者だったころ、小一男児殺人事件の容疑者の男（三〇）を逮捕されるまえにくり返し取材すると、アリバイの内容が聞くたびに揺れた。つまり、嘘だからだ。それは政治の世界でも、一般の社会でもよくあることだ。虚偽の証言をくり返すと必ずボロが出る。『記・紀』それぞれの編纂者もスサノヲに関しては作為をくり返しているから、系譜がまるで一貫していないのではないか。これも時系列の逆転あるいは時系列で考えることのナンセンスさの傍証となるだろう。

スサノヲとオオクニヌシの時系列アリバイという観点から考察すれば、ほかにもいくつか不審なケースがあるようだ。

仮に、スサノヲのある面が、実在の人物をモデルにしたものだとしても、そのひとはオオクニヌシよりずっとあとの世代に生きたのはまちがいない。この二柱の時系列の問題は、古代出雲王国とヲロチ退治の謎を解く重大なカギとなる。

時系列アリバイを崩す五つの証拠がそろった。山根良夫さんはこう述べる。
「まず『記・紀』神話ありきで、われわれは洗脳されてきた。わが国のオリジナル神話として既成事実化され、多少の矛盾は感じても、自然に事後承諾してきた感じさえする。五つの証拠によって、長い間眠っていた出雲王国ミステリーの〝開かずの扉〟がついに開かれる」

【コラム】マッカーサーと出雲神話

トラベルミステリーで知られた西村京太郎氏に、『十津川警部　出雲伝説と木次線』という作品がある（実業之日本社ジョイ・ノベルス　二〇一八年）。ヤマタノヲロチ伝説で知られる斐伊川沿線を走るＪＲ木次線のトロッコ観光列車『奥出雲おろち号』が、猟銃をもつ三人組に乗っ取られる。犯人らの目的は金ではない。乗客と運転手の計六〇人を人質にし、出雲地方にあるスサノヲを祀った神社二八九社のうち六〇社をつぶし廃社にしろ、という要求を島根県知事あてに出す。

犯人らの主張によると、国譲り神話は創作であり、じっさいには武力による制圧だった。スサノヲは〈大和朝廷の神で出雲王国を滅ぼしてから乗り込んできた占領軍の代表〉であり、スサノヲの神社がオオクニヌシの神社より一七社多く〈今に至るまで延々と勝者の英雄を神として崇め続けてきたのが不自然〉だとする。

列車内では観光客の人質らにこう演説する。

〈支配者になった大和朝廷が、支配を正当化するために、必死でスサノオ（原文ママ）を祀る神社

を建てていった結果だ〉

犯人の檄文（げきぶん）にはこうあった。

〈出雲神話の大部分は、大和朝廷が、出雲の占領のために作った嘘である〉
犯行の動機は滅ぼされた出雲王国への愛であり、出雲族住民に決起をうながす。
作品中、スサノヲは、アメリカ軍のマッカーサー元帥になぞらえられる。元帥は、二〇世紀の第二次世界大戦で敗れた日本に、占領軍（ＧＨＱ）最高司令官として乗り込んできた。

これはエンタメ小説であり、設定は完全なフィクションだ。スサノヲの神社がオオクニヌシの神社より一七社多いというのも、どこの数字かわからない。

じっさいの数字はどうか。錦田宮司が教えてくれた『島根の神々』（島根県神社庁発行　一九八七年）で、該当する神社をかぞえてみた。主祭神、配祀神、境内社をあわせると、スサノヲを祀る神社は四二二社、オオクニヌシは別名神、同神とされるオオモノヌシをあわせ四五五社でこちらが多い。

とはいえ、西村作品には傾聴にあたいする点がいくつかある。出雲王国が滅んだのはオオクニヌシのときのはずであり、その際の占領軍司令官がスサノヲだと設定すると、日本神話で定着したスサノヲとオオクニヌシの系譜と時系列が乱れる。それは作家ならではの着想だ。

この小説のなかで、西村氏は時系列アリバイを崩しているとも言える。

第二章　古代出雲王国の萌芽期

王国の物的証拠

古代出雲王国ははたして存在したのか、という議論がある。現代の出雲が「神話の国」「神話のふるさと」「神々の里」などと呼ばれるいっぽう、地元の人びとの口の端（はし）に「古代出雲王国」がのぼることはほとんどない。その呼称はまったく定着しておらず、文化資源、観光資源にもなってはいない。

だが、筆者は、古代出雲に王国は存在したと考える。

その物的証拠は、知名度から、第一に荒神谷（こうじんだに）遺跡と加茂岩倉（かもいわくら）遺跡で発掘されたおびただしい数の青銅器群ではないか。その発掘は古代の出雲が注目を浴びる最大のきっかけとなった。

第二の物的証拠として、全国的な知名度はあまりないが、紀元ころから古代出雲で発達した四隅（よすみ）突出型墳丘墓（とっしゅつがたふんきゅうぼ）がある。ざっと二五〇年間にわたって築造された。この型の墳丘墓は、名前のとおり四隅が突き出ていて、コタツに布団をかけたような独特の姿をしている。

一般に、弥生時代では墳丘墓、古墳時代になると古墳という呼び方になる。

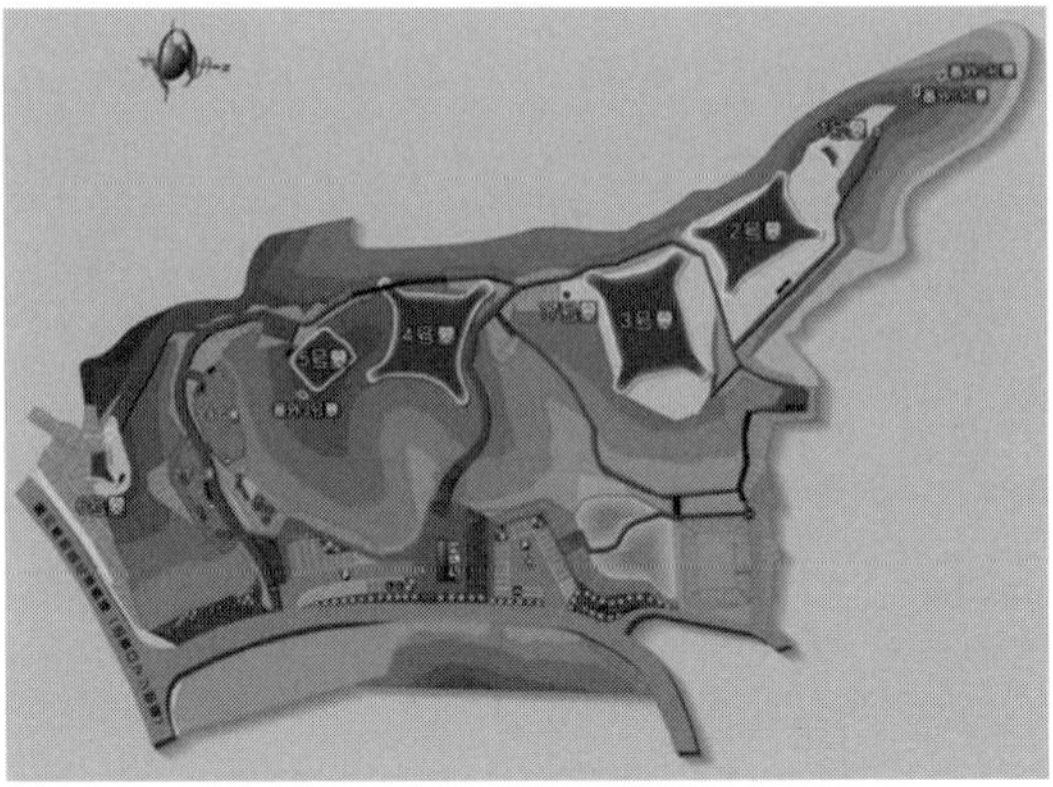

「西谷の丘」。出雲市立出雲弥生の森博物館の公式ウェブサイトから

四隅突出型墳丘墓はとくに出雲市の通称「西谷の丘」で発掘され、それらはまとめて西谷墳墓群と名づけられている。なかでも、出雲王の王墓にまちがいないとみなされている四つの墳丘墓はとびぬけて巨大で、地上からはその全体像を写真に収めることができないほどだ。

そして、第三の物的証拠として、西谷墳墓群よりもっと古い時代に、膨大な労力を費やして築かれたとみられる田和山遺跡が、最近、注目を集めはじめている。

物的証拠を時代に沿って並べると、第三、第一、第二となる。

これらの考古学上の成果と『記・紀』など古代文献の記述を総合すれば、古代の出雲にあった王国の萌芽期から隆盛期、終焉の時期を、大まかに示すことができるのではないか。

これまでにも、古代出雲王国や古代出雲王朝という呼称が出てくる著作はいろいろあった。本書では、それらとはまったくちがった観点から、最新の学説も参照し王国の歩みをたどってみる。

まだ専門家による研究が進行中のため、不明な点もある。それを承知で、古代出雲王国が存在したと推測できる時代を中心に年表を作成した。

以下、できるだけ時系列に沿って、王国のおおまかな流

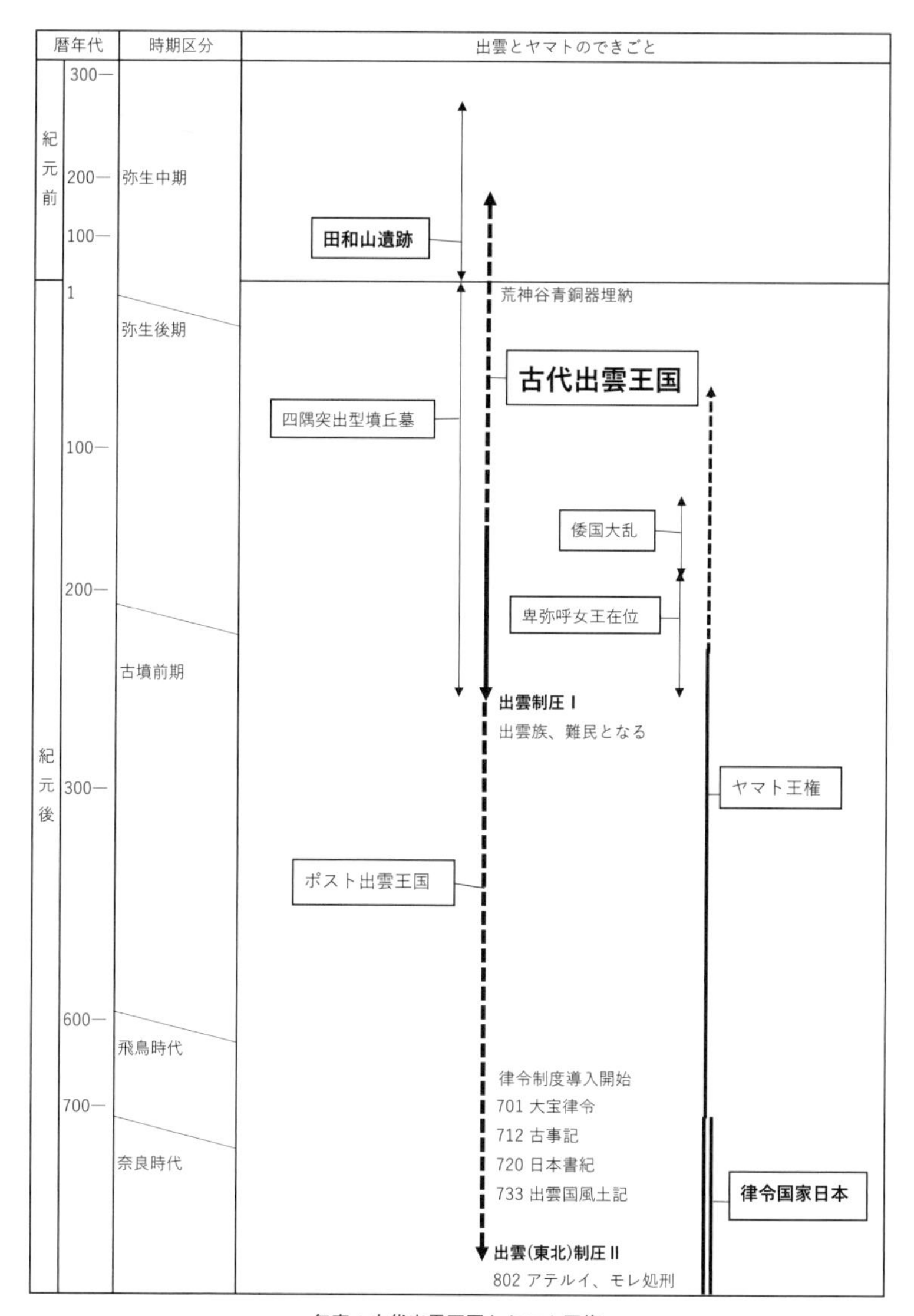

年表：古代出雲王国とヤマト王権

れをつづる。まず、総論から入る。

研究者の多くは、青銅器祭祀の時代があり、その後、王を戴く墳墓祭祀の時代に移ったと考えている。青銅器時代の遺跡からは、王墓らしきものが発見されておらず、まだ王国とは呼べないという考え方のようだ。

筆者には意外だったが、出雲の荒神谷遺跡で出土した空前の数の青銅器群は、厳密に言えば、出雲王や古代出雲王国と直接に関係があるとは言えない、ということになるらしい。

しかし、少なくとも出雲では、先にあげた三点の物的証拠から、そのいずれにも王と呼べるリーダーは関与していて、何らかの王国、少なくともその萌芽期があったのではないか。筆者は素人なりにそう考えた。とうぜん、王の定義にもよるが。

佐賀県の有名な吉野ヶ里遺跡では、弥生時代中期（紀元前二〇〇年ころ〜）から、集落の歴代の〝王〟の墓とみられる「墳丘墓」や「甕棺墓」（甕棺は推定一万五〇〇〇基）が登場する。

この遺跡では、首長層を埋葬したと考えられる弥生中期の大規模な墳丘墓が存在し、銅剣やガラス製管玉、絹布片などが出土している。また、成人用の甕棺墓が数多く営まれ、階層分化と首長権確立のありさまを示している。この首長をオウ（王）だったとし、大規模墳丘墓を王墓、約四〇ヘクタールの環壕集落を「吉野ヶ里のクニ」の中心集落ととらえる見方があるそうだ。

奈良県桜井市にある纏向学研究センターの寺沢薫所長は、二〇二一年一〇月、高額な著書『弥生国家論――国家はこうして生まれた』（敬文舎）を上梓した。島根県立図書館に届いたのは翌二二年一月末で、筆者は新刊に記号ラベルが貼られるのを館内で待ってすぐに借りた。

寺沢氏は、こうとなえている。

〈私は、古代史一般の常識とは大きく異なって、北部九州の弥生時代前期後半の段階ですでに国家の誕生を認める立場をとる〉

つまり、紀元前三世紀半ばころには国家が存在していたとする。

そのころ、耕地のかぎられていた北部九州では、水や土地などをめぐる争いからの戦争が契機となり、王を擁する〈部族的国家〉が生まれた。そして、〈部族的国家〉から〈王国〉へ新たな歴史的形態へと飛躍する、と寺沢氏は論じている。

王については、こう述べる。

〈軍事的指揮者に発する部族的国家の王は脆弱（ぜいじゃく）とはいえ一歩一歩、……祭祀的、政治的、経済的な支配的地位を高めていった〉

出雲についてはどうか。寺沢氏は著作で、荒神谷遺跡と加茂岩倉遺跡の青銅器大量埋納について、ごく短く言及してはいる。だが、紀元前の〈部族的国家〉にはふれていない。

紀元前の出雲についての国家論研究はこれからだ。しかし出雲は、北部九州と地理的にちかく、おもに海上交通で交流があったとされる。吉野ヶ里遺跡の例や寺沢説から類推すれば、出雲にも、北部九州からいくぶんおくれて吉野ヶ里とおなじように紀元前二〇〇年以降、国家の萌芽と言える〈部族的国家〉が生まれた可能性はじゅうぶんあるだろう。そして、田和山遺跡の大規模築造や荒神谷遺跡などの大量の青銅器群をみれば、大きな集団を動かす首長（リーダー）、つまり王的な存在を否定できないのではないか。

とはいえ、出雲では、戦争や抗争をうかがわせる遺跡はほとんど発掘されてはいない。荒神谷遺跡の銅剣も戦闘用の武器ではなく、すべて祭祀用だった。出雲でも、一部には水田稲作の普及とともに土地や水の争いがあっただろう。だが、大規模戦闘はなく、北部九州とはかなりちがった、出雲独特の政治的、祭祀的文化が発展したと思われる。

萌芽期をふくむ古代出雲王国の本質は、おおむね、そのおだやかさにあるのではないだろうか。

古代の出雲は、日本海を航路として半島・大陸とつながる国際貿易都市だった。また、日本列島各地の地域と友好な関係をもつ、ネットワーク型王国の本拠地になっていったのだろう。

古代出雲の最初の拠点か　田和山遺跡

出雲平野の真ん中にあるわが家から東へ車で約三〇分走った松江市乃白町に、田和山遺跡がある。弥生時代前期末葉（紀元前二世紀半ば）までさかのぼるとみられている。遺跡として認識されたのは一九七五年ごろで、当初は三基の古墳が知られていた。一九九七年、田和山が松江市立病院の移転候補地に選ばれ、本格的な発掘調査がおこなわれた。

三重の環濠とその外側に分布する住居跡は、全国に例のない構造をもつ集落遺跡として、二〇〇一年、国の指定史跡になった。他の遺跡では、環濠の内側に住居がある。のちに、田和山遺跡と密接なつながりがあったと考えられる近くの神後田遺跡も一体のものとして国史跡に追加され、田和山・神後田遺跡となった。

田和山の環濠の内側には、山頂裾をめぐる柵と一棟の九本柱の遺構があった。柱の跡はあるが、建物があったかどうかはわからないとされる。この遺構では宗教的な行為がおこなわれていたのではないかと考えられている。

ずっとのちの出雲大社の巨大高層神殿や現在の出雲大社本殿（国宝）もやはり九本柱だ。出雲には、杵築(きづき)大社(平安時代後期ころから出雲大社と称されるようになる)の元宮(もとみや)ともされている神魂(かもす)神社(松江市大庭町)の、現存する日本最古の大社造りで国宝となっている本殿も九本柱であることが注目される。

田和山頂上の標高は約四五メートルでちょっときつかったが、筆者は島根半島や宍道湖(しんじこ)の眺望を確認したくて、取材助手の妻と登っていった。

田和山遺跡

この遺跡は、山を削って築かれたのかと思っていた。じつは、膨大な量の土を盛って三重の環濠や土塁などが造られているという。高いところで祭祀をおこなうなら、どこかの山頂を選べばいい。そうではなく、多数のひとを動員し築いたとすれば、その労力そのものに宗教的、政治的な意味が込められていたのだろう。それは、出雲の弥生人の天への憧れ、垂直的な思考・志向を思わせる。田和山遺跡とその山頂の遺構は、出雲大社の遠い源流に位置するのかもしれない。

そもそも、盛り土をして築いた山の頂に環濠や土塁を築いた遺跡というのは、わが国で他に例があるのだろうか。

島根考古学会の松本岩雄会長は、二〇二一年、田和山遺跡をテーマとするブックレットを上梓した。考古学の専門家としては珍しく〝攻めた〟著作で、大胆な推測をまじえている(『田和山遺跡が語る出雲の弥生社会』松江ふるさと文庫27 松江市発行)。

出雲ではたくさんの銅鐸が出土した。銅鐸はもともと紐で吊り下げて、中に舌を吊して音を出す楽器だった。松本氏はこう記す。

〈朝鮮半島や中国で家畜の首に付けた鈴とか、呪術師が使っていた鈴が起源で、それをもとに列島で作られ、「まつり」の際に使用されるカネになったのが銅鐸と考えられています〉

松本氏は〈田和山遺跡において青銅器が使用されていた蓋然性は高い〉とみて、〈田和山の山頂部で、銅鐸の音色の中、黄金色に輝く銅剣を用いた祭祀が行われていたことが想像されます〉とする。「政」と書いて「まつりごと」と読む。そのルーツは、このあたりにあるのかもしれない。

〈ところが、田和山遺跡は（弥生時代）後期にはまったく機能を失ってしまいます。これまで膨大な労力を費やして築き、丁重に管理してきた聖地「田和山」が使用されなくなってしまうのです。1世紀初頭頃のことと考えられます〉

国立歴史民俗博物館の松木武彦教授によると、対人用の武器が北部九州や瀬戸内、近畿、東海などで発達したのに比べ、山陰では戦争を象徴化する文化が盛んになった。祭祀用の非実用的な武器を崇めたりする特徴があり、田和山もそのひとつではないか、と語る（二〇二一年一〇月、松江市での島根県古代文化センター主催の講演）。

この遺跡の保存問題は一九九八年に裁判となり、当時、岡山大学助教授だった松木氏が鑑定人に選定されたいきさつがある。松木氏は、田和山遺跡にもっとも詳しい専門家のひとりと言える。

松木氏は、また、田和山遺跡を建設するには、のちの一〇〇メートル規模の前方後円墳を造る以上の労力が必要だったのではと推測、それだけ大きな勢力が存在したとし、古代出雲の最初の拠点が田和山だったかもしれないとする（同講演）。

これは、新しい指摘だ。東京国立博物館が、二〇二〇年初に開いた『特別展　日本書紀成立1300年　出雲と大和』は、島根県が奈良県に働きかけ、六年を費やして準備した大規模展示だった。その図録の地図には、古代の出雲にあったほとんどの遺跡や墳丘墓、古墳、神社、博物館などの位置が示されている。だが、田和山遺跡も神後田遺跡も、国の指定史跡なのに載っていない。この遺跡の研究は、まだ、緒に就いたばかりと言えるだろう。

少し先走れば、〈のちの一〇〇メートル規模の前方後円墳を造る以上の労力が必要だった〉とみられる田和山遺跡を築く勢力が、歴史に現れ力を増していくときこそ、古代出雲王国の萌芽期と言っていいのではないか。

青銅器　連続大量出土の衝撃

荒神谷(こうじんだに)遺跡

わが家から車で南へ一七分ほど走ると、出雲市斐川町神庭(かんば)の荒神谷遺跡へ着く。

一九八四年夏、ちいさな丘の斜面の道路工事予定地を発掘し、標高二八メートル前後のところで青銅製の銅剣三五八本が出土した。それ以前に、わが国で発見された弥生時代の銅剣はあわせて約三二〇本だったから、それをはるかに上回った。

翌一九八五年夏には、銅剣群の発掘地から六メートルほどはなれたところで、銅鐸六個、銅矛(どうほこ)一六本が出てきた。銅剣も銅矛も、おなじ地点での発見本数としては全国的にみても、とびぬけて多かった。銅鐸と銅矛がおなじ穴に埋めてあったのも初めてだった。

場所は、古代に神の山を意味する神名火山(かんなびやま)と呼ばれていた仏経山(ぶつきょうさん)北東側の丘で、その山の頂上を望む南斜面だ。しかも、出土地はその名も「神庭」と呼ばれている。

この「世紀の発見」に、考古学界や古代史ファンは騒然となった。いま、発掘現場一帯はハスの池などもある広い史跡公園となっており、荒神谷博物館がある。

青銅のルーツは中国華北地帯

荒神谷博物館の学芸員・柏谷実加（かしわやみか）さんとメールでやりとりした。会うとまだ二〇代の女性だった。銅剣、銅鐸、銅矛が作られた推定年代がまちまちなのは知っていた。いちばん知りたかったのは、埋納時期についての最新学説だった。

「おなじ場所で土器が出ていないので特定はむずかしいです。でも、いまでは紀元ごろに埋められたと考えられています。一度に埋納されたとはいちがいに言えませんが、そうちがわない時期に埋められたと言えます」

銅剣は、ほぼ整然と四列にならんでいた。列は、向かって左からＡＢＣＤと呼ばれている。

「Ａ列は鋒の方向を一本ずつ交互に変えて置いています。Ｂ列は南端（谷側）の四本のみ鋒を西に向けてあります。他のものはＡ列と同じように交互に配列しています。ＣとＤ列は、すべて鋒を東側に向けて埋置してありました」

銅剣三五八本について、鉛同位対比を分析すると、Ａ26と呼ばれる一本だけが朝鮮半島産の鉛で、その他は中国華北産の鉛の値を示したという。

その鉛分析の結果を、筆者は初めて知った。荒神谷の青銅器は、大陸から直接、または半島を経由し、最終的に荒神谷へ埋められたわけだ。だが、製品としてもってこられたのか、青銅のインゴット（鋳塊）として運ばれ、出雲などで加工されたのかはわからないそうだ。

ただ、一九九一年、国立東京文化財研究所は、荒神谷遺跡の銅剣を非破壊分析と鉛同位体比測定し『保存科学』三〇号に発表している。それによると、「鋳造は荒神谷の中または近隣で行われ」たとある。

柏谷さんは、こうも説明した。

「朝鮮半島の銅剣は茎が太くて長い実用的な武器だったとみられていますが、荒神谷遺跡のものは茎が短く刃も薄い祭祀用です」

銅鐸六個のうち三個は畿内で作られたものだとわかっている。銅鐸の5号と銅剣のA26は鉛の値が近い、というのも初耳だった。謎の多い荒神谷青銅器の素顔が、ちょっとだけのぞいた感じがする。

遺跡は一九八七年に国の史跡に指定され、銅剣、銅矛などの出土品は一九九八年に一括して国宝となった。

国宝の出土品はすべて、出雲大社東となりの出雲歴博に展示されている。大きな壁一面にずらっと並べられた銅剣群は、これこそ古代出雲王国のシンボルではないかと思えるほど壮観だ。

これまでの考古学の知見から言えば、青銅器埋納の時代に王が存在し王国があった物的証拠は、まだみつかっていないのだが。

荒神谷遺跡の銅剣は、すべて武器ではなく祭祀用だった。松木武彦氏の指摘のように〈山陰では戦争を象徴化する文化が盛んになった〉。とすれば、戦いではなく祈りが、古代出雲を特徴づけると言えるのだろうか。それが出雲の政治・宗教文化であり、当時の広範囲にわたる人びとを惹きつけた要因だったのかもしれない。

出土状態と数量は極めて特異

韓国考古学を専門とする島根大学の平郡達哉准教授の、荒神谷博物館での講演を聴講したあと、メールで一五項目にわたる質問をした。後日、とてもていねいな回答がメールで返ってきた。以下、その要点を記す。

銅剣のルーツは中国遼寧省から出土した琵琶形銅剣にあり、年代は紀元前九世紀ころとひじょうに古い。

朝鮮半島全体では、紀元前八世紀から紀元前後にわたり、約四六〇本の銅剣が発見されている。銅剣の代用品として作られたと考えられる磨製石剣は、集落のリーダーの墳墓副葬品としてよく発見される。銅剣、石剣とも所有者の「身分象徴物」として「他者に見せる」という機能をもっていた。

日本列島の場合、まず磨製石剣が縄文時代晩期に副葬品として出現する。出雲市の原山遺跡でも一本の石剣が出ている。銅剣は、いずれも北部九州で弥生時代前期末（紀元前三世紀末）ごろに副葬品としてみられる。

荒神谷遺跡の銅剣の数三五八本という数量をどう評価するか、という質問に、平郡氏はこう答えた。

〈一つの遺構からこれだけ多量の銅剣が規則正しく配置された状態で出土する点は、朝鮮半島だけでなく中国東北地域や中原地域でも見られないと思います。日本列島内でもこういった状態での出土と数量は極めて特異な状況でしょうし、出雲平野の東南部地域社会における青銅器祭祀の特殊性を示していると思います〉

あれだけの青銅器類を持つことができる権威、財力をもつまでには、相当の時間を要したはずだ。荒神谷の銅剣は祭祀用だった。では、武器としての銅剣の時代はあったのだろうか。

加茂岩倉遺跡

荒神谷遺跡につづいて、出雲市の南に位置する雲南市加茂町岩倉では、一九九六年、農道建設工事中に銅鐸がみつかった。翌年まで発掘調査がおこなわれ、一か所からの出土例としては日本最多となる三九個の銅鐸が発見された。

しかも現場は、荒神谷遺跡と、仏経山をはさみ直線距離でわずか三・四キロメートルだった。加茂岩倉遺跡は、仏経山東側の山の南向き斜面にある。その向きは、荒神谷遺跡とおなじであり、何らかの意味があるのだろう。

銅鐸の発見当時、若き日の錦田剛志さんは、島根県教育庁埋蔵文化財調査センターの職員で、現場にスクランブル発進した。日没過ぎまでバックホーで掘り上げられた銅鐸の写真撮影、現場記録、現場管理、銅鐸の取り上げ、銅鐸のナンバリング、安全な保管場所への輸送に従事したという。

古代出雲の謎を追う筆者のアドバイザーであり同志でもあるひとが、歴史的発見の現場にいたわけだ。

一九九九年、加茂岩倉遺跡は国の史跡に指定された。出土品は、二〇〇八年、国宝となり、やはり出雲歴博で展示されている。

おなじ鋳型で作られた銅鐸は、鳥取、岡山、兵庫、大阪、徳島、和歌山、福井、岐阜の八府県でそれぞれみつかっており、古代出雲と広い範囲にわたる交流があったことをうらづける。

東北大学名誉教授の田中英道氏は、こう指摘している。

〈銅剣と銅矛については北九州で発達した後に出雲に入ってきたものだと考えられますが、銅鐸は別なのです。

　銅鐸は、出雲で生まれ、出雲王国の領土拡大とともに中国、四国、近畿で多くつくられるようになったと考えられます。

出雲王国の拡大とともに、銅鐸はだんだん大きくなっていき、分類ではⅣ式銅鐸と呼ばれる高さ一メートルに及ぶ銅鐸さえ出現します。Ⅳ式銅鐸は出雲にはなく、近畿地方と三遠地方といわれる三河、遠江地方で出土します〉（『「国譲り神話」の真実』勉誠出版　二〇二〇年）

　ここで注目されるのは、田中氏が、この銅鐸の時代をすでに出雲王国と呼んでいることだ。考古学上の厳密な立場はともかく、一般的な呼称としてそれは妥当だろう。

出雲青銅器の財源は碧玉と漆（うるし）

　弥生時代、青銅はひじょうに高価だったとされる。荒神谷、加茂岩倉両遺跡の大量の青銅器は、出雲にとほうもない財力があったことを物語る。

　春成秀爾（はるなりひでじ）・国立歴史民俗博物館教授はこう記す。

〈青銅原料や鋳型の材料を北部九州から得ようとすれば、当然、出雲は見返りの物資を用意しなければならない。碧玉（へきぎょく）製の管玉（くだたま）はその候補にはなるが、それだけではたしてこれだけの量の青銅器を手中に納めることができたかは大いに疑問である〉（『荒神谷遺跡と青銅器　科学が解き明かす荒神谷の謎』島根県古代文化センター　同朋舎出版　一九九五年）

島根県埋蔵文化財調査センター元所長の川原和人氏は、二〇二一年三月、荒神谷博物館での講演で「当時の出雲は国際交易都市でした」とし、財力の源は「（出雲特産の）碧玉と漆だった」と語った。

漆は、日本列島の各地で縄文時代から採られていた。福井県若狭町の鳥浜貝塚発掘は、六〇〇〇年ほど前の縄文時代前期に、高度な漆工技術があったことを示した。出土した「赤色漆塗り櫛」は日本の漆文化のシンボルとされる。青森県青森市の三内丸山遺跡から出土した木製の大皿のような器には、鮮やかな赤の漆が塗られていた。

また、福井県三方上中郡若狭町の鳥浜貝塚、新潟県糸魚川市にある縄文時代の寺地遺跡からも赤漆塗りの櫛が出土している。櫛は、古くから呪力をもつ呪物とされ信仰されてきた。

だが、各地での漆生産はしだいにすたれ、道具の開発などノウハウを確立した出雲の特産品となった、との説がある。漆は半島でも土器や木製品に塗られ、出雲はその貴重品を売るビジネスで大いに稼ぎ、青銅などを半島から購入していたらしい。

田和山遺跡の終焉　集団存亡の危機

田和山遺跡は、紀元前後、とつぜんの終焉を迎える。それとときをほぼおなじくして、荒神谷遺跡に大量の青銅器が埋納される。

松本岩雄・島根考古学会会長は、そのふたつの事象を関連づける。

〈推測を重ねれば、田和山の聖地で長らく青銅器を用いた祭祀がおこなわれていたが、出雲において弥生中期末から後期初頭の頃、集団の存亡を決する大きな危機が訪れた。そこで首長自らが管理保有する貴重な祭器（青銅器）を大地の神に捧げてまでも集団を守ろうとする決意を示すとともに、祭器を埋納する行為によって、司祭者（首長）自身の力・求心力を高めたのではないかと思われます。それまでの祭器（青銅器）を真っ向から否定するのではなく、新たな支配の論理（神話）をつくり、集団をまとめていく力を祭器から特定の人物の権威へとすり替えることによって、青銅器は共同体構成員の一定の同意のもとに、丁重に大地の神に奉納されたと解釈できないでしょうか〉
（『田和山遺跡が語る出雲の弥生社会』）

田和山遺跡の山頂に立つと、東には、『出雲国風土記』で神名樋野と呼ばれた茶臼山（標高一七一メートル）がみえていた。神の宿る出雲四山のひとつだ。田和山遺跡からの距離は、こちらのほうが仏経山（神名火山）山麓の荒神谷遺跡よりかなり近い。なぜ、茶臼山に青銅器を埋納しなかったのだろう。

それとも、茶臼山山麓にも何か祭器が埋まっているのか。

筆者と妻は、田和山遺跡を降りて荒神谷遺跡へ向け、出雲ロマン街道を車で西に向かってみた。約二三キロメートルあり三三分で着いた。古代人の脚なら半日の距離だ。

古代には、現在では想像できないほど入り海（水域）が広がっていた。宍道湖の湖面は、現在より五メートルほど高かったとされる。人びとは舟を使い、もっと短い時間で行き来したかもしれない。

松本説は、〈祭器から特定の人物〉への移転を指摘する。これが、荒神谷遺跡に大量の青銅器が整然と埋納されたことへの、ひとつの解（答え）となる。ただ、松本会長の言う「首長」も、ある意味では「王」だったのでは、と筆者は考える。

松本説にまだ物的証拠はなく、推理・推論ではある。だが、考古学の専門家にも、こうした仮説を掲げて研究にのぞむ、一種の勇氣のようなものが必要かもしれない。

考古学はジグソーパズルのようなものだろう。まだ発見できないピースがあっても、そこを埋めたらどうなるか。歴史の全体像をイメージしながらの考察が必要ではないか。土器の断片を集めて復元するのとおなじように。

筆者が取材した考古学の専門家のなかにも、出土品にこだわりすぎる傾向を自戒するひとがいた。極端な証拠至上主義におちいると、刑事事件の捜査とおなじで、本質を見失いかねない。

島根大学の平郡准教授は、筆者の質問への回答の締めくくりとして、こんな興味深いコメントをしてくれた。

〈荒神谷遺跡における青銅器の大量埋納が「なぜ」「何のために」行われたのかを説明・理解するためには、文化人類学や社会学の知識・理論を駆使する必要があるのではないかと思っています〉

筆者もまったく同意する。紀元以前の出雲で王はいかにして誕生したのか。それについても文化人類学などからアプローチしてほしい。

荒神谷遺跡　なんらかの非常事態

春成秀爾（はるなりひでじ）氏はこう記す（島根県古代文化センター編『荒神谷遺跡と青銅器　科学が解き明かす荒神谷の謎』同朋舎出版　一九九五年）。

〈銅剣の出土状態は、埋納にあたって各地から集めたという印象を与えない。……仕上げて、まもなく一度に埋納したと考えたほうがよいであろう。……それらを各地（中・四国）に配布途中で、残りを荒神谷に埋納したという推定もある〉

〈なんらかの非常事態が生じ、出雲勢力は配布を中止し、荒神谷に三五八本の銅剣を埋納することになった。……埋納は、祖霊への武器のシンボルの大量奉納ということである〉
〈これだけの大量の銅剣を祖霊に贈るというのは尋常ではない。結集して一つの政治勢力をつくりつつあった出雲の諸集団は、危険な勢力として九州・近畿のほかに、出雲と同様に遅れて成長してきた同じ中国地方の吉備の諸集団の存在を意識していた〉

古代出雲を考古学の立場から詳しく研究してきた専門家が、こぞってこう述べる。
〈集団の存亡を決する大きな危機〉（松本岩雄氏）
〈なんらかの非常事態〉（春成秀爾氏）。

筆者は、当初、それがヤマト勢力による出雲制圧を意味すると受けとめた。制圧とは、一般に国譲りとされてきたものだ。出雲からすれば、服属を強いられたことになる。その際、青銅器が埋納され、古代出雲王国が終焉を迎えたのではないかとの仮説を抱いた。出雲の青銅器文化が北部九州発の鉄器文化に負けたという見立てだ。

それは、松木武彦・岡山大准教授（当時）による、こんな記述を読んだからだった。
〈鉄器は、大陸や朝鮮半島に近い北部九州では、……紀元前一世紀の弥生時代中期後半には、すでにかなり行きわたっていた。かたや、中国・四国や近畿以東ではそれよりも一歩遅れ、紀元前後～紀元後一世紀になってから本格的な普及がはじまる〉（『列島創世記』小学館　二〇〇七年）

また、心理学者で古代史研究家の安本美典氏は、出雲での大量の青銅器埋納について、こう述べる（「今なぜ『先代旧事本紀』を読むか」『先代旧事本紀〔現代語訳〕』安本美典監修、志村裕子訳　批評社　二〇一三年　所収）。

〈たとえば北九州勢力からの圧迫により埋められたものではないか〉

青銅器文化の出雲が鉄器文化の北部九州に負けたということの仮説は、わかりやすい。鉄のほうが青銅より強靭で武器としてすぐれている。だが、荒神谷遺跡の銅剣は、そもそも武器ではなく祭祀用だった。埋納後に、出雲が独特の四隅突出型墳丘墓を造り隆盛をきわめたことを考慮すると、王国の終焉とは言えない。筆者はのちに自分の仮説はちがうと氣づき、みずから否定した。

大きな危機とか非常事態とかは何だったのか。考古学上はそうみえるものの、まだ誰も真実がわかってはいない。それこそ、文化人類学や社会学の知識・理論を駆使して研究する必要があるだろう。

紀元前に王はいたのか

青銅器をもちいた祭祀について、二〇一九年、松木武彦氏はこう述べた。

〈青銅器のお祭りというのは、みんなで行う祭りです。……主人公がいないお祭りなのです。……そういうお祭りで社会をまとめているような形の「共和制」と言ったら良いかもしれません〉（島根県が東京で開催したシンポジウムでの講演）

古代出雲の歴史を語りながらも、松木氏は、荒神谷・加茂岩倉遺跡の青銅器埋納に直接には言及しなかった。大量埋納の時代も「共和制」だったと松木氏は考えているらしい。やはり王墓がみつかっていないという理由からとみられる。

しかし、一般に、共和制にもリーダーはいる。共和制ローマ（紀元前五〇九～紀元前二七年）では執政官（コンスル）がいた。共和制のアメリカ合衆国では大統領がいる。

出雲では、〈一〇〇メートル規模の前方後円墳を造る以上の労力が必要だった〉とみられる遺跡を田和山に築き、三五八本もの祭祀用銅剣をふくむ大量の青銅器を集めて荒神谷に埋めた。それを強力な権威・権力をもつ特定のリーダーを仮定しないで説明できるだろうか。王の定義にもよるが、そのリーダーこそ、初期の出雲王と呼べる可能性があるのではないか。

また、王墓とは何か、立ち止まって考えてみる必要もあるだろう。ある墳丘墓が他の墳丘墓にくらべてずっと大きいから、副葬品に◎◎があったからなどの基準で、それらだけを王墓とみなしていいかどうか。

古代出雲の葬儀について、こんな話もある。錦田剛志さんが「信憑性はともかく、面白いことが書かれていますよ」と教えてくれた本にあった。

〈出雲人は高貴な人が他界すると、藤と竹で編んだ籠に死体を収め、高い山の常緑樹（主として桧、杉）に吊した。いわゆる〝風葬〟である。三年間が過ぎるとこれを降ろして洗骨し、山に埋めた。杉がご神木となり、山が神（祖霊）の座す磐座（いわくら）となったのは、こうした背景による。岩石信仰も、山岳信仰も、さらには祖霊の依り代（よりしろ）となる門松も、その起源はここに求められる〉

〈白骨を洗って山の大きな岩の近くに埋めた〉

これは、古くからの伝承発掘に情熱を注いだ文筆家・吉田大洋氏（一九三五〜八九年）が、オオクニヌシの直系の子孫を名乗る富當雄（とみまさお）・元サンケイ新聞編集局次長から聞き取った話としてつづっている（吉田大洋『〈新装版〉謎の出雲帝国』ヒカルランド　二〇一八年）

かりに、その風葬説にもとづけば、田和山・神後田遺跡から荒神谷遺跡に至る紀元以前の時代に王墓がないことも説明できる。風葬説の真偽をたしかめるのはむずかしいが、遺跡付近に該当しそうな磐座があれば発掘調査をする手はあるだろう。

第三章　古代出雲王国の隆盛期

出雲に四隅突出型墳丘墓が出現

古代出雲王国が存在した第二の物的証拠として筆者が考える四隅突出型墳丘墓は、必ずしも出雲地方特有のものではなかった。荒神谷博物館は、大量の青銅器が埋納された時代の背景をさぐるため、二〇二一年初冬、この型の墳丘墓の変遷をたどる展示をおこなった。その展示内容と他の情報をあわせて以下に記す。

まず、島根県西部の石見地方で、長方形や方形に区画した墳丘斜面に石を貼り付ける方形貼石墓が出現した。なかでも、江津市からは、弥生時代中期後葉（紀元前一世紀ころ）の土器とともに銅鏃（青銅製の鏃）が見つかっている。後期前半（紀元一～二世紀ころ）になると飯南町で墳丘墓が出現し、その墳頂部から三基の埋葬施設が見つかっている。そのうちふたつの棺外に、土器のほかガラス製小玉、管玉が出土した。

四隅突出型墳丘墓の起源について、従来は、江の川上流の中国地方山間部とされ、それが山陰海岸にひろまったとされていた。だが、近年に発掘された出雲市の青木四号墓がやはり中期後葉のものとみられ、起源は一元的とは言えないとの見方もある。

島根県東部の出雲地方で土器以外の副葬品が見つかるようになるのは、二世紀ころの出雲市の西谷墳丘墓からだ。この時期になると備後北部（広島県東北部）や伯耆（鳥取県西部）では、大型の四隅突出型墳丘墓が造られなくなり、出雲市から松江市にかけての出雲地方で造営されるようになる。

出雲は、日本海に面し沖積地が広がる地理的環境を生かして、このころから稲作や交易の拠点の役割を果たした。

田和山・神後田遺跡の歩みと荒神谷・加茂岩倉遺跡の青銅器大量埋納、西谷の丘の四隅突出型墳墓群の流れを考えると、くり返すが、紀元前二世紀には古代出雲王国の萌芽があったのではないか。とくに、青銅器が出た荒神谷遺跡と墳丘墓のある西谷の丘は、直線で約八キロメートルしかはなれていない。

荒神谷博物館の展示をみて、もうひとつのことに氣づいた。島根県はいまでは文化的に東部の出雲と西部の石見にかなり分かれている。だが、四隅突出型墳丘墓の発生期、その境界はなかったらしい。では、何をきっかけに分かれたのだろうか。

歴代出雲王の墓　西谷墳墓群

通称「西谷の丘」は、わが家から南南西の方向、車で約一七分走った出雲市大津町にある。やはり出雲ロマン街道沿いに位置する。弥生時代後期から古墳時代を経て奈良時代までの、墳丘をもつ墓だけでも二七基が密集する西谷墳墓群があり、国の史跡となっている。

この墳墓群のガイダンス施設として、二〇〇八年、出雲市立出雲弥生の森博物館がオープンした。開館してからずっと学芸員をしている坂本豊治さんに、説明してもらった。考古学に情熱をかたむけるひとだ。

西谷の丘には大きさのちがう四隅突出型墳丘墓があり、とくに規模が抜きん出ている四基が王墓の墓とみられている。年代順に古いほうから西谷三号墓、二号墓、四号墓、九号墓で、坂本さんは西谷二号墓を発掘したそうだ。

荒神谷遺跡と加茂岩倉遺跡の青銅器埋納と西谷墳墓群とのつながりはどうだったのか。

寺沢薫氏は『弥生国家論』でこう述べる。

〈それまで銅鐸のマツリを主宰し管理してきたクニ・国のオウや王は、共同体をあげてのマツリをみずからのために構築した巨大な墓で執り行う方向へと転化した〉〈イヅモの西谷墳丘墓群（原文ママ）とキビの楯築墳丘墓はその最たるもので、そこでは亡き王の霊を新王が継承する儀式が墓坑のなかで執り行われたと考えている〉。寺沢氏は、クニは国の、オウは王の前段階の呼称として使っている。

坂本さんは、「西谷の丘に眠る歴代の王らが親子関係だったのかはわからず、地域のリーダーだったとしか言えない」とする。子ではなく一族のだれかが王位を継いだかもしれない。

なかでも西谷三号墓は、この西谷の丘に造られたものとしては最初の王墓とされ、弥生時代後期後葉（紀元二世紀半ば～）のものとされる。突出部をふくめた規模は約五二メートル×四二メートル、高さは四・五メートルあり、裾まわりには二列に石が並べられている。

一九八三年から島根大学を中心とした調査団によって発掘調査がおこなわれた。吉備（岡山県と広島県東部）から持ってきたとみられる土器、北陸系の形状で山陰の土で作られたとみられる土器などもあり、出雲以外のものが全体の約四〇パーセントを占めている。

北部九州や北陸、中国、四国などとの対外的な交易・交渉が本格化していたことがうかがえる。荒神谷遺跡に紀元ころ青銅器が埋納されてから、西谷三号墓の出現までには一〇〇年以上の空白がある。だが、四隅突出型墳丘墓はその空白の時代にも連続的にみつかっており、西谷三号墓に至るまで、王国の流れが完全に途絶えたとは言えないだろう。

考古学のあるベテラン研究者は、西谷三号墓について、筆者にこう話してくれた。

「他地域の土器が四〇パーセントというのは、異常に高い比率です。墓の上で一〇〇人くらいが集まって葬儀をしたとみられます。よその人がたくさんきて葬儀に参加するというのは、弥生のあの時代には例がない。九州でも畿内でも、その時期の王の墓といわれているところには地元の土器しかないのです。

西谷三号墓では、遠方からわざわざ土器を持って葬儀に集まった。出雲では殯をして調整したのでしょうが、当時の情報伝達手段や交通の便を考えると、ふつうではありえない」

殯は荒城ともいい、貴人の遺体を墳墓が完成するまで仮に安置しておくことだ。

だが、学芸員の坂本豊治さんは、こう語る。

「墓上には三三〇個を超える食器が置かれていました。でも、土器が五〇セット計一〇〇個発掘されたからといって、一〇〇人が参列したとは言えない。『墓の上で死者の霊と共飲共食し、権力の継承儀礼がおこなわれていた』とする見方も、最近、変わってきました。

殯がおこなわれ、また、各地からたくさんの人が集まったのはたしかです。しかし、西日本から関東にかけての発掘調査で、被葬者の再生を阻止することを目的として儀礼がおこなわれたと考えられるようになりました。
墓上から出土した食器も被葬者から離れた位置にあり、私は、死者以外の霊にも飲食物を供え、死者に取り憑かないように願って食器が置かれたのではと考えています」

西谷三号墓のジオラマ

西谷三号墓では、八つの墓穴が発見された。そのなかでも二つは二重構造の木棺で、鉄剣や海外からのものとみられるガラスのアクセサリーなどが出てきた。出雲弥生の森博物館では、〈鉄剣は勇ましい男王、大量のアクセサリーは神秘的な女王の姿を連想させる〉とする。

博物館二階にはこの王墓のジオラマがあり、こんな説明板がある。

〈「魏志」倭人伝には女王卑弥呼とそれを補佐する「弟」が登場します。西谷3号墓が造られたのは、まさに卑弥呼とほぼ同じころです。西谷三号墓の二人も、同じような関係の男女だったのかもしれません〉

まさか、この地が邪馬台国であり、卑弥呼と弟が埋葬されていたわけではないだろう。坂本さんによると、弥生から古墳時代にかけては、男女ペアの被葬者が各地で発掘されている。この時代には、首長の約四割が女性だったともされる。

いっぽう、島根考古学会の松本会長はこう記す（『田和山遺跡が語る出雲の弥生社会』）。

〈（弥生時代）後期中葉から後葉にかけて、山陰地域では鉄器の出土量が一気に増加するとともに、その組成や形式に山陰独自の展開が始まるともいわれています。この時期、大陸からの輸入鉄器も一定量見られるほか、……鉄素材を入手して製品を製作している遺跡も発見されています。

このような事例から、鉄をめぐって九州や朝鮮半島などの他地域との活発な交渉・交易が行われるようになったとみられます〉

古代出雲王国が、鉄の交易を軸に政治文化のネットワークを広げていったのはまちがいないだろう。

出雲に眠る弥生末期の超お宝

西谷九号墓は、「西谷の丘」に造られた最後の王墓だとみられている。突出部をふくめた規模は約六二メートル×五五メートル、高さ五メートルある。四隅突出型墳丘墓が北陸や東北地方の南部などまでひろまっているなかでも、九号墓は全国最大とされる。また、裾まわりの石列が三列もあるのはここでしかみられない。葬られた人物は、それまでの王をはるかにしのぐ強大な権力の持ち主、つまり大王とされる。坂本さんは、「二二〇〜二三〇年ごろに造られたものと推定される」と語る。

一般に、墳丘墓や古墳の築造期と、被葬者の没年は必ずしも一致しないとされている。

九号墓の墳頂には、ずっとのちの時代に三谷神社が建立された。坂本さんによると、土中の棺などは未発掘のままで〝温存〟されている。発掘にはかなりの予算と人員が必要となる。出雲市内には保存すべき遺跡が他にたくさんあり、九号墓を発掘する予定は、いまのところないそうだ。

出雲の人知れない丘のことだから、おそらく、盗掘もされてはいないだろう。古代史ファンは、その発掘を期待しているとも聞く。筆者も、坂本さんの話を聞きながら、内心、高ぶるものがあった。

個人的に、その被葬者の大王こそオオナムチ（オオクニヌシ）のモデルではないかと夢想する。大王は、出雲制圧のとき、悲劇的な最期を迎えたのかもしれないが、生前から九号墓が築かれていた可能性はある。もし、素晴らしい副葬品が出てくれれば、古代出雲王国にまつわる歴史的大発見となるだろう。最近注目を集めている航空レーザー測量で、まず、九号墓の外観を調べてみる手はある。また、素粒子のひとつミューオンによって、土中をレントゲンのように透視して調査する方法もある。

西谷九号墓よりのちのものとしては比較的規模が小さい六号墓があり、坂本さんによると、古墳時代へ移る二四〇年ごろに造られたとみられる。

安来市の四隅突出型墳丘墓

出雲地方の東端に位置する安来市に、弥生時代から古墳時代にかけての墳墓が集まった一帯があり、「古代出雲王陵の丘」として公園整備されている。そのなかに、大小いくつかの四隅突出型墳丘墓が確認されており、以下、おもなものにふれる。

仲仙寺（ちゅうせんじ）古墳群は、仲仙寺支群と宮山支群に分かれる。仲仙寺支群の八号墓は未発掘で、九号墓は発掘調査により、墳裾に扁平割石を貼りつけ墳頂部には組合せ式木棺を納めた主体部三基があることがわかった。三、四世紀ごろの築造と考えられている。宮山支群の四号墓は弥生時代に築かれ、築造当時の姿に復元整備されている。

塩津山墳墓群にある六号墓、一〇号墓は一辺三〇メートル以上、突出部をふくめると約四〇メートルと大型で、これらも復元されている。

このように、弥生時代後期には出雲国の東（安来市）と西（出雲市）にふたつの勢力があったと考えられている。筆者は、四隅突出型墳丘墓という特徴が共通していることから、もともとは敵対するような勢力ではなく密接な関係があったと考える。明確に政治文化・路線がことなっていったのは、後述する国譲り（出雲制圧）の後だったのではないか。

突然の終焉を迎える四隅突出型墳丘墓

そして、四隅突出型墳丘墓の築造は、とつぜん、終焉を迎える。

ネットワーク型古代出雲王国のピークは二回あり、萌芽期のあと最初の準隆盛期が青銅器埋納前後の時代、そして隆盛期が、西谷三号墓から九号墓にかけて四つの王墓が造られた時代だったのではないだろうか。

四五ページの年表は、現時点での考古学上の知見をリスペクトし、確実な王国隆盛期時代（二世紀半ば〜三世紀半ばの約一〇〇年間）を中心に作成した。一般的に言って、古代史を年表で示すのは、かんたんではないが、流れをざっとつかんでもらえればいい。

なお、出雲大社は、王国の時代にはまだ創建されていなかったか、あったとしても、ごく小規模のものと思われる。後述するように、『古事記』には、実在したとすれば三世紀後半から四世紀前半ごろとされる垂仁天皇朝の、出雲大社修築をめぐるホムチワケのエピソードが書かれている。

出雲は、田和山・神後田遺跡の築造→荒神谷・加茂岩倉遺跡の大量青銅器埋納→西谷の丘などの四隅突出型墳墓築造と時代を経てきた。

いずれの遺跡も、道路工事などでたまたまみつかった。出雲をふくむ山陰は、まだあまり開発されておらず、古代出雲王国の全体像を描くピースの数は少ない。今後、さまざまな発見もあるのではないか。

筆者が作った年表をみて、山根良夫さんはこんな感想を語った。

「こうして眺めると、仮説が歴史の事実としてついに日の目を見ることになったかのような、感慨すら覚えます」

古代出雲王国の勢力圏　能登半島

能登の大社の理系宮司

春の早朝、石川県羽咋(はくい)市の千里浜(ちりはま)を妻と散歩した。能登半島の西側は、どこまでも砂浜がつづいている。対馬海流に乗って様々な物が流れ着くので「塵浜(ちりはま)」と呼ばれるようになったという説がある。でも、千里(せんり)の浜のほうが地名由来としてふさわしいように思う。

海の西方彼方には出雲や朝鮮半島、大陸がある。浜砂は粒がとても小さく、出雲大社西側の大社湾にのぞむいわゆる国譲りの地、稲佐(いなさ)の浜に似ている。

山陰と北陸を直結する日本海沿岸の高速道路はない。前日、島根県から鳥取県、岡山県、兵庫県、京都府、福井県を愛車で飛ばし石川県に入った。

早朝の散歩を終えて浜辺の宿をチェックアウトし、氣多(けた)大社に参拝した。

社伝によると、第八代孝元天皇の時代に、オオナムチ（オオクニヌシ）が出雲から三〇〇余柱の神々を連れて能登に上陸したとされる。この天皇は、欠史八代のひとりで、実在性を疑う専門家も少なくない。

氣多大社は、オオナムチを主祭神とし、出雲大社とは古代から強い縁がある。朝廷から神社の祭神に奉った位階「神階」が、氣多大社は、平安時代初期の貞観元年（八五九年）、正二位勲一等から従一位にあがった。出雲大社は、朝廷の思惑もあって正二位だから、それよりランクがひとつ上だった。

堂々とした社殿や、神仏習合時代からのものとみられる神宮寺など、境内をじっくりみて回った。約束の時間となり、社務所のひとに声をかけると、別棟にある座敷に通された。昭和天皇が、一九八三年五月の全国植樹祭で行幸されたときの御在所という。

三井孝秀宮司が入ってきて、はじめの二、三分は空氣がちょっと硬かった。でも、宮司はこんな話をしだした。

「ぼくはもともと理系です。日本史など暗記ものがきらいで、歴史にはあまり興味なかったんです。ところが、歳をとるにつれて理系的に歴史をみるようになってきましてね。二〇〇〇年だったか、出雲大社で巨大神殿の遺構が出てきた。『古事記』や『日本書紀』などの文献なんていい加減なところもあるが、あの遺構は考古学的な物的証拠だからすごいなと。歴史も理系的に研究しなきゃと思います」

宮司は、理系の職業に就きたくても、歴史ある神社の宮司家に生まれ道は選べなかったのだろう。

「わたしも、もともと理系で高校は理数科だったんですよ。たしかに、『記・紀』でも都合のいいように書き替えている部分がたくさんありますよね。わたしは、物的証拠または根拠をあげ論理で古代出雲の本を書こうと思っています」

「じつは……」と筆者は、東北にも出雲の古代の足跡（そくせき）があるようで、国立遺伝学研究所が、出雲と東北のひとのＤＮＡを調べていることを話した。

「わーっ、面白いなぁ」。

これで、すっかり意氣投合した。宮司は、能登へ春がおいでになるという意味で地元のひとが「おいでまつり」とよぶ祭事について語ってくれた。

「能登には、オオナムチが大蛇を退治した伝承があります。毎年三月一八日から二三日まで、オオナムチの神輿を中心とした大行列が能登の二市五町をめぐる祭があって、途中で少彦名命（スクナヒコナノミコト）が合流する。いまは短縮してますが、もとは三〇〇キロメートルも歩き回って荒ぶる神などを平らげ、最終的に四月三日の〈蛇の目神事〉で大蛇を弓、槍、刀で退治して終わります。

これはおそらく祈年祭（きねんさい）の意味があるだろうとされてます。能登の荒ぶる神を平定したので平国祭（へいこくさい）と呼びます。一二月一六日には鵜祭（うまつり）があって鵜をとらえて『鵜さま』と呼び、吉凶を占う。そのあとに新嘗祭（しんじょうさい）です」

ふつうの神社では、春の祈年祭と初冬の新嘗祭がある。春祭りと秋祭りと呼ばれることもある。

「氣多大社は一連の神事だと言われてます。祈年祭で五穀豊穣をお祈りして、新嘗祭で感謝するわけです」

〈蛇の目神事〉で退治される大蛇とは、地元の荒ぶる大豪族のような存在だったのだろう。スサノヲのヲロチ退治をちょっと連想させるが、こういう物語はどこにでもある。大分県宇佐市にある宇佐八幡宮（宇佐神宮）にも伝わっているそうだ。

音が鳴る鏑矢を弓で放ち、物の怪や魔物をのぞく神事は各地でおこなわれており、蟇目神事と呼ばれる。そのルーツは栃木県日光市の二荒山神社で、その祭神は、陰陽道の本流となった賀茂氏の祖神オオナムチとその妻および子のアヂスキタカヒコネだ（『呪術の日本史』）。

オオナムチは、能登でも、前述の八千矛つまり男根の威力を発揮した痕跡がある。

平国祭の大行列が練り歩くルート沿いには、奈鹿曽姫神社（羽咋郡下曽祢町）などオオナムチが現地の姫（神）とのあいだにもうけた子神を祭る神社が目立つという。白比古神社（鳥屋町）の祭神もオオナムチが現地の乙女とのあいだにもうけた子神で、荒れ野に水を引き田や窪地を作った現地開拓の祖神とされる（岡本雅享『出雲を原郷とする人たち』藤原書店　二〇一六年）。

能登国が越中国の一部だった奈良時代の天平一三年（七四一年）、越中国の「一の宮」は現在の氣多大社だった。中央の文献に初めてみえるのは『万葉集』で、天平二〇年（七四八年）、越中守大伴家持が出挙のため能登を巡行したとき、まず氣多大社に参詣したとある。のちに能登の一の宮となりいまに至る。

現在まで、氣多大社の直系とみられる神社は、加賀（石川県小松市）をはじめ越中（富山県）、越後（新潟県）、飛騨（岐阜県）、但馬（兵庫県）にも鎮座する。

宮司は、そんな話もしてくれた。

古代に出雲から能登へ渡った神々、そしてその政治文化は、想像以上にいまも広く行きわたっている。もちろん、神々という呼び方はのちのもので、じっさいには、出雲王とその一行が能登へ遠征したのだろう。

三井宮司は、出雲を訪れたときの印象をこう語った。「似とるな、と思いました。地形とか能登にきたようなイメージでした」

一時間半にわたるインタビューで、筆者は、これまでどんな取材をして、どんな本を書いたか、また、いま書きつつあるか話にはさんだ。第二次大戦後の日本社会の病理を、心理学や精神分析の観点から分析した作品などもある。

「しかし、木佐さんのは面白い研究の仕方やなぁ。やっぱり、理系の人が歴史を研究しないとだめだ」。宮司はその場でスマホを操作して、筆者の電子書籍二冊を買い上げてくれた。

能登・氣多大社の「おいでまつり」の源流が、大きな四隅突出型墳丘墓が築造された隆盛期の古代出雲王国にあるのではないかと思わせる。

古代出雲に憧憬をいだく学芸員

三井宮司は、取材中、「そういう話なら、うってつけの人を紹介しますよ」とすぐ誰かに電話をかけた。その相手が羽咋市歴史民俗資料館の学芸員・中野知幸（ともゆき）さんだった。筆者は氣多大社での取材を終え、すぐ中野さんに電話して、その日午後のアポイントをとった。

作業服姿の中野さんは、突然の取材依頼にもかかわらず、歓迎してくれた。宮司が話していた「おいでまつり」の大行列は、氣多大社から奥能登の七尾市に鎮座する氣多本宮への道を往復する。

「いにしえの縁起書が複数あり、そのひとつではオオナムチら一行が能登半島をぐるり回って七尾から上陸したとあります。本宮が上陸地とされます」

ただ、能登半島の西側から上陸したとみる説が有力という。

一九七八年、羽咋市での能登有料道路建設関連工事で、砂丘に埋もれていた遺跡がみつかり、その地名から寺家遺跡と名づけられた。その中心の遺構は、氣多大社の南東、直線で約八〇〇メートルに位置する。

「古代とくに奈良時代の氣多神社（古代の神社名）のバックヤードの様子がわかる国指定遺跡です。この地域と山陰は日本海交流があり、出土品をみても共通性の高いものがたくさんあります。氣多大社がとりあげられがちですが、考古学ベースではさらに古く、弥生時代前期（紀元前四〜三世紀）くらいから、人とモノと情報の交流はそうとう進んでいたことがわかっています」

寺家遺跡は八〜九世紀の遺構で「奈良時代、平安時代に神祭りに使った道具が、これだけ豊富に出土する遺跡は、石川県内でもほかにありません」

古代の氣多神社は羽咋にあり、中世、近世をへて能登一の宮として尊崇されてきた。オオナムチ一行は、やはり半島の西側から上陸したと考えられる。ただ、古代に氣多神社と呼ばれていた本宮の遺構は、発掘がつづく寺家遺跡でまだ発見されていない。

中野さんは、日本海沿岸流に乗った山陰地域との交流について、寺家遺跡の出土ではないが、「たとえば」と石川県の中部・野々市で発掘された山陰系の台付装飾壺などの写真をみせてくれた。

「新潟県・糸魚川の翡翠が弥生時代の拠点集落を介在しながら、山陰や北九州地域まで流通し、ぎゃくに、鉄が北九州、山陰地域から北陸まできています。翡翠の流通と鉄の流通がオーバーラップしているんです」

『出雲国風土記』冒頭の有名な国引き神話では、越も出雲に引っ張ってこられたとされる。それが、出雲と越の交流・交易を神話的に表現したものだろうと実感できた。

中野さんの言う「日本海沿岸流」が、対馬海流と呼ばれるものの一部だ。本州の沿岸を南西から北東方向に流れている。

ぎゃくに、北東から南西へ向けて、主に夏の日本海沿岸で吹く風を「アイの風」と呼び、日本海沿岸の交流の文字通り推進力となっていた。「アユノカゼ、アイ、アエノカゼ」などとも呼ぶ。

こうした自然の力の助けを借りて、弥生時代以前から、人びとは日本海沿岸を行き来した。江戸時代中期から明治時代にかけて日本海海運で活躍した北前船（きたまえぶね）も、この力を利用していた。

中野さんは、また、こんな話もしてくれた。

「氣多大社や福井県敦賀市にある氣比（けひ）神宮と、〈氣〉を使う神社の社号が、山陰から北陸地域にかけて多く共有されています。古代から氣多大社と氣比神宮は、北陸道のなかでもひじょうに重要視されたツートップの神社でした」

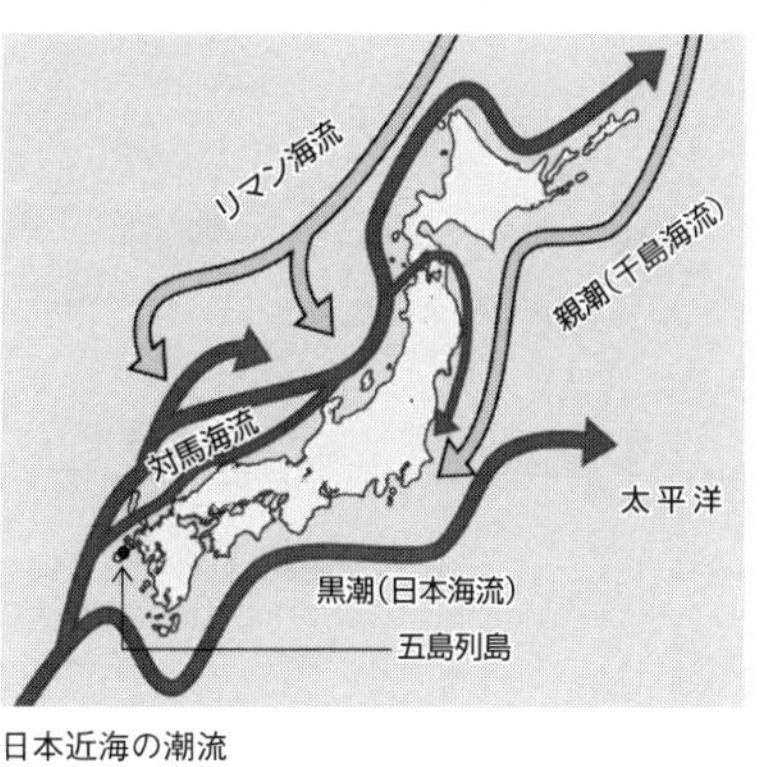

日本近海の潮流

氣は神への供物を意味する御食（みけ）のケ、氣持ちのケではないかとされる。

氣多という社号のルーツは、出雲市の猪目町と河下町の境界沖にある平島（ひらじま）とされる。わが家から車で二〇分ちょっとのところだ。これが『出雲国風土記』に記された氣多島であり→因幡国の氣多崎・氣多郡→但馬国の氣多郡・氣多神社→加賀国の氣多御子神社→能登の氣多大社→越中国の氣多神社→越後国の居多神社とつながる（『出雲を原郷とする人たち』）。

因幡国の氣多崎は、「いなばの白ウサギ」で知られる鳥取県

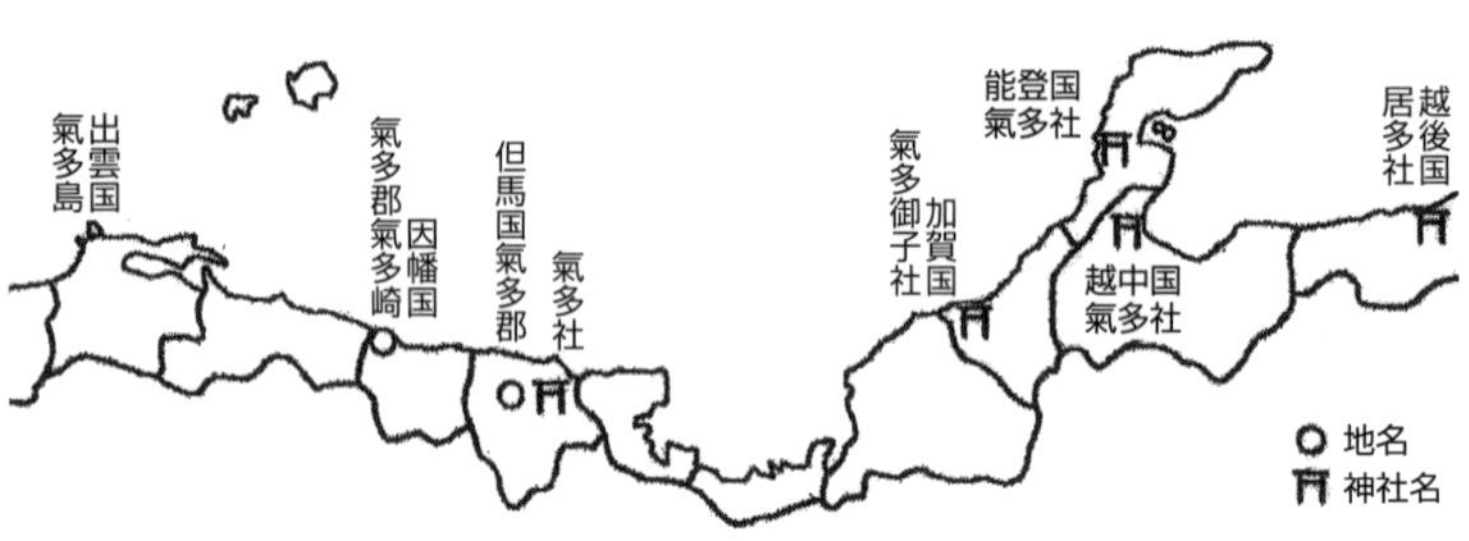

ケタ（氣多）地名・神社の分布（浅香年木『北陸の風土と歴史』山川出版社、所収の図をもとに作成）

鳥取市の白兎（はくと）海岸にある。

現代の県名で言えば、対馬海流に沿って、島根の出雲から鳥取→兵庫→石川→富山→新潟までつながっている。

しかし、因幡と越のあいだに位置する京都府北部の丹後地方には、四隅突出型墳丘墓が発見されておらず、出雲勢力圏の空白地帯となっている。ただ、出雲からもたらされた勾玉（まがたま）や管玉（くだたま）、越（こし）からの翡翠などは出土しており、出雲や越と交易する対等な勢力圏だったと考えられている（古川順弘、青木康『地形と地理でわかる神社仏閣の謎』宝島新書　二〇二二年）。

民俗学者の折口信夫（おりくちしのぶ）は、氣多のケタとは「水の上に渡した橋」あるいは「海から陸地へつなぐもの」などで、神がそれを足溜まりとして陸地に上がるとした（『旅と伝説』三元社　一九三二年一号）

中野さんは、二〇〇八年に石川県立歴史博物館が企画した「弥生ムラの風景—越のクニ生み・境界・交流—」の図録をコピーしてくれた。日本海交流についてこう書かれている。

〈東日本のひとびとは、北陸を介した西方文化の入手を期待して南下し、北陸もまた山陰・北部九州との接触が頻繁であった。

とくに（弥生）中期後半からは、山陰地域との交流が顕著になり、土器文化や木器加工技術に相互の影響が著しい。また、後期後半から

終末期にかけて、「四隅突出型墳丘墓」と呼ばれる山陰地域特有の墓制がみられ、イズモ勢力との連携を強める首長が顕れた〉

中野さんは、学芸員としての夢を語った。

「四隅突出型墳丘墓は能登ではみつかっていない。ぼくは、羽咋でもいつかはみつかるだろうと思ってます」

自分の手で発掘したい、という意氣込みが感じられた。そして、出雲歴博が二〇一二年に京都市で出張開催した『大出雲展　古事記1300年・出雲大社大遷宮特別展覧会』の分厚い図録を持ってきた。寺家遺跡の出土品一九点も掲載されている。

「こんなにたくさん展示されたんですよ」

中野さんは、うれしそうに話した。そして、出雲の膨大な数の出土品の写真を指して言った。

「赤玉、瑪瑙（めのう）は出雲を代表する特産品として全国に流通しています。ほんとに出雲っていい史料がいっぱいあるなぁ。文化財の宝庫です」

その図録には、大社湾に臨む長浜の空撮写真もあった。

「この風景ですね。海岸があって山があって、杵築（きづき）大社（出雲大社）がある。羽咋とおなじような砂丘海岸ロケーションです。いい写真だな」

筆者たちにみせるというより、自分でうっとりとながめていた。

風化する出雲

筆者と妻は、羽咋（はくい）市中心部から北に向かおうとした。目的地をカーナビで「羽咋郡志賀（しか）町出雲」

と入力すると、一瞬で、「志賀町火打谷（ひうちだに）」と変わった。

おかしなこともあるものだ。念のため、取材のアポイントを取っている谷崎紀男さん（一九四四年生まれ）に、車に乗ったまま携帯で電話した。「ええ、それであってますよ」。半信半疑のまま走ると、だんだん山間部へ入っていく。二五分弱で着いた。

谷崎さんの自宅に落ち着き、住所のことを聞いた。

「字（あざ）出雲のほうが古いはずですが、住所では火打谷となってます。ただ、郵便番号はそれぞれにあって、どっちでも郵便物は届きます」

そんな話は初めて聞いた。

「一番氣をつけなければならないのは、火事で一一九番通報するときです。出雲の◎◎と言わないと、消防車が火打谷の別の集落へ行ってしまいますから」

郵便番号は、火打谷が９２５－０２１４、出雲が９２５－０２１５だ。では、住民票はどうなっているのか。志賀町役場に聞くと、正式な住所は火打谷で、住民票にはそう記載され、出雲は地元の通称だという。郵便番号がふたつあることについては「志賀町内でも、何か所かそういう例はあります」と言う。

出雲が火打谷に〝上書き〟されたようなものか。ただ、火打谷という地名にも、オオナムチ一行の上陸にからむ故事があるそうだ。

谷崎さんの家は、出雲族としてもっとも古いが、何代目かはわからないという。四〇〇～五〇〇年くらい前、母屋が火事になり、家伝の古文書類も消失してしまった。寺の古い過去帳も所在がわからず、過去をたどっていくすべがない。

ただ、古代に山陰の出雲から海を渡ってきて、当時は入り江だった福野潟を通って、いまの志賀町出雲の地に住みついた人びとがいた。その地名由来は『角川日本地名大辞典17』に記されているそうだ。谷崎さんは言う。

「ここら辺りは水が豊富で、海路の便もよかったから定住したんでしょう」

谷崎さん自身、古代出雲族の血が流れていることは意識していたという。警察庁に勤め、一九九六年、東京の本庁から島根県警本部に転勤し、出雲市の官舎に住んで松江市へ通った。「配属先を希望できるような職場ではなく、まったくの偶然」といい、自分のルーツの土地で足かけ三年を過ごした。

「出雲そばが氣に入り、ほとんどの店を食べ歩きしましたよ」。たまたま、手土産に生麺を真空パックした出雲そばを持参していた。それを渡すと、とても喜んでくれた。「これは、懐かしい！」

警察庁を退職し、夫婦で能登へUターンした。「出雲へは、出雲大社の千家（せんげ）尊祐（たかまさ）宮司に、宮司の息子さんが結婚した年に会いにいった。それからはちょっと親しくなり、自分たちで手作りした干し柿を送ると、とても喜ばれました」

「あるとき、部屋でラジオを聴いていたところ、NHK松江放送局の番組でした。『能登で聴いています』とファクス投稿したら、番組で読まれましたよ。以前、テレビの1チャンネルをつけると、時間帯や天候によっては日本海テレビが映ったこともあります」

この局は日テレ系の1チャンネルで、本社は鳥取市にあり、鳥取県と島根県を放送エリアとする。能登半島の西側と山陰は、へだてるものがなく、海路で直接つながっている。

谷崎家の庭隅には高さ二メートルほどの出雲神社が祀られている。祭神は、もちろん、オオナムチだ。『石川県神社誌』には、その出雲神社について、ざっとつぎのような記述があるという。〈創祀年代はわからないが、応永四年（一三九七年）に神職が補せられる。字出雲に谷崎弥市という旧家があり、その字の開祖といわれる。（島根の）出雲の地からこの地に来て、集落を出雲と名づけ、出雲神社を創祀した〉（『出雲を原郷とする人たち』）

谷崎さんは、出雲大社とおなじように、この小さな神社に二礼四拍手一礼で参拝する。ふつうの神社は、明治以来、二礼二拍手一礼と決められている。神社に飾る注連縄も、出雲大社にならいふつうとは左右がぎゃくの「左綯い」にしている。店で買う注連縄は「右綯い」用だから、自分で紙垂を裏表反対に付けかえる。氣多大社の祭神は、三井宮司によると、南を向いている。出雲神社は、西を向いている。まさに海の彼方の出雲の方角であり、出雲大社のご神体が向く方向とおなじだ。

左綯いの注連縄を飾った小さな出雲神社と谷崎紀男さん

この小さな出雲神社は本宮で、近くの山の中腹に集落の大きな出雲神社が鎮座する。毎年初夏におこなう例祭は、まず、地元の宮司が谷崎さん宅の小さな本宮にきておこなう。大きなほうの神社では、宮司も集落の人も二礼二拍手一礼で拝む。谷崎さんは、他人がいないときには、二礼四拍手一礼する。

かつては、字出雲の山中に源流をもつ出雲川が流れていた。現在では、流れのほとんどが道路下の暗渠となり、名前も忘れられている。

出雲集落の戸数も過疎化でだんだん減り、二八戸となった。谷崎さんは転勤族で、本庁勤めのときをのぞき単身赴任だった。息子さんは都会育ちで、いまは東京に住んでいる。谷崎さんはさびしそうに言う。「能登には帰らないかもしれない」

能登にのこる古代出雲の痕跡は、風化しつつある。

ネットワーク型王国のイメージ

東北をのぞく版図

能登半島を中核として、北陸地方の越一帯は、古代出雲の勢力圏だった。では出雲の全盛期、列島にざっとどれくらいの勢力圏ないし影響圏があったのだろうか。

福岡県立大学の岡本雅享准教授（当時）は、二〇一一年から四年九か月にわたり、『山陰中央新報』（本社・松江市）に『出雲を原郷とする人たち』を連載した。社会学者として丹念にフィールドワークして書かれたすばらしい労作で、筆者も記事をスクラップしていた。二〇一六年、おなじタイトルの書籍として藤原書店から刊行され、すぐに入手した。

ページをめくると、わが国に古代天皇を戴く体制が生まれやがて律令国家となるよりずっとまえ、古代出雲がゆるやかなネットワークとして勢力を広げ、どうじに、たくさんの影響圏・友好圏を形成していたことがうかがえる。

出雲市に生まれ育った岡本さんは、自分がいま暮らす筑前国（福岡県）からスタートしている。フィールドワークで出雲族の事跡が確認されたのは以下のように広い。

周防国、越前国、加賀国、能登国、越中国、伊予・讃岐国、備後・安芸国、紀伊国、越後・佐渡国、信濃国、岩代国、武蔵国、上野国、大和国、山城国、丹波国、播磨国、そして九州玄界灘沖の

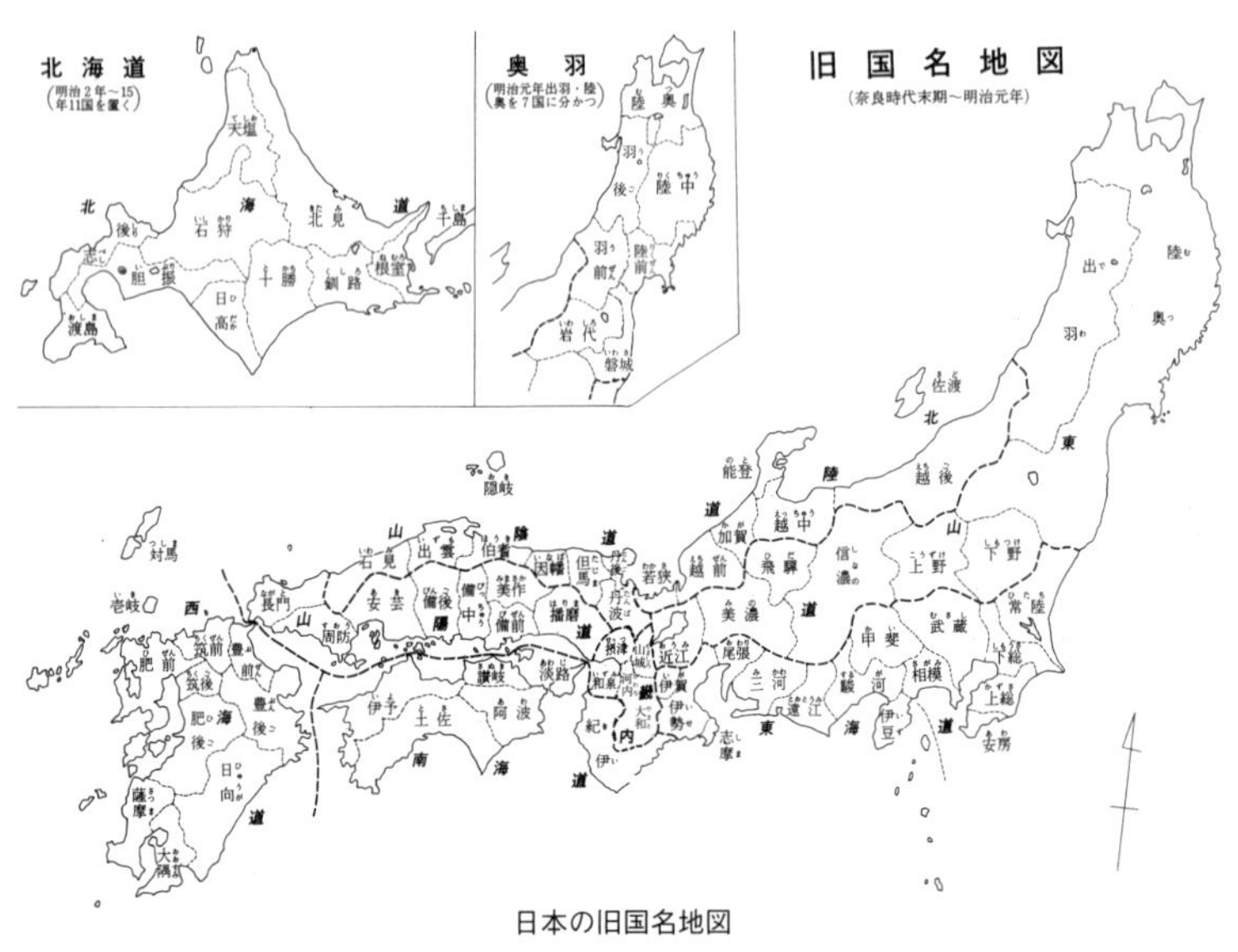

日本の旧国名地図

島・壱岐と朝鮮半島の新羅。

『出雲を原郷とする人たち』は、古代を中心に中世から現代までをカバーしており、そこに出てくる土地のすべてがネットワーク型古代出雲王国当時のエリアだったわけではない。だが、列島のかなり広い地域に、出雲のリーダー（大神）を中心とする政治文化が伝わっていき、その記憶や痕跡がいまものこっている様がイメージできる。

その核となっているのは、オオナムチ（オオクニヌシ）の事跡であり、この偉大な神への篤い信仰であり、各地へと出雲の政治文化を伝えた出雲族の足跡であると言える。

また、古代には出雲と東北の強いつながりもあった。列島の歴史の古層に出雲の影響圏が広がっていた事実は、誰も否定できないだろう。

出雲―北部九州　宗像→出雲→能登→越後→会津

ある日、岡本雅享さんのちょっと古い新聞記事を、山根良夫さんがＬＩＮＥで送ってくれた。福岡県の宗像(むなかた)・沖ノ島が、〈「神宿る島」宗像・沖ノ島と関連遺産群〉として世界遺産に登録されたことについての寄稿だ。

山根さんは、一〇月一日に宗像大社辺津宮(へつのみや)に三女神がそろう例大祭で、大船団による海上神幸「みあれ祭」や神輿行列の陸上神幸などを見物したことがあり、感動したそうだ。この三女神のなかに、オオクニヌシと結ばれたタギリヒメがいて、出雲人としては見逃せないお祭りだ。

岡本さんのやや長い記事から、一部をピックアップする。

〈宗像から沖合に漕ぎ出し、対馬海流にのって着くのが出雲だ。出雲人の私は、列島各地の出雲地名や出雲神を祭る古社、考古学の成果などを手がかりに、出雲を原郷とする人たちの足跡を追う中、行き先の日本海沿岸で度々「宗像」や「安曇(あづみ)」に出会った〉

〈例えば能登半島西岸の石川県志賀町。……南北百キロメートルにわたる能登半島には、対馬海流とともに西から沖合をきた船もぶつかる。志賀町の地名・神社・伝承は、安曇と宗像、出雲の海人が三つどもえで、能登へ渡ってきた歴史を刻むかのようだ〉

〈対馬海流の道は能登から越後へ向かい、阿賀野川や只見(ただみ)川をへて会津に至る。この二大河川が合流する会津盆地の入り口、福島県喜多方市山都町には出雲神社二社とともに、古代の創建という宗像神社もあり、宗像大神は只見川を遡上してきたとの伝承が残る〉

〈只見川支流域の昭和村で、出雲大神を祭る気多神社を訪ねたら、境内に宗像大神を祭る祠もあった。只見川沿いの荒屋敷遺跡（大沼郡三島町）では、弥生時代前期の遠賀川式土器も出土。対馬海流の道で北上した宗像、出雲の信仰・文化は、ともに越後をへて会津にまで至っている〉（『西日本新聞』二〇一七年九月二日）

沖ノ島では、自然崇拝をもととする固有の信仰・祭祀が、現代まで継承されている。はじまりは四世紀とされる。出雲の荒神谷遺跡などで出土した祭祀用青銅器は、それより三〇〇年以上さかのぼる紀元前のもので、宗像の古層に出雲の祭祀文化があったと言えるのではないか。宗像↓出雲のまえに、出雲↓宗像の流れや出雲—北部九州の相互交流が存在しただろう。もちろん、大陸や朝鮮半島との交流もあった。

この記事には、安曇という地名も出て来る。筆者が知るかぎり、長野県の安曇野（あずみの）は、もともと海人の定住地とされる。越後↓会津とは別に越後↓信濃などのルートもあったわけだ。

愛媛と出雲

山根良夫さんが、二〇二〇年一月五日、フェイスブックにこんな投稿をしているのに注目した。

〈昨年の夏は、諸説あるも少彦名命（スクナヒコナノミコト）終焉（しゅうえん）の地と言われている愛媛県大洲（おおず）市菅田（すげた）町にある二つの少彦名命神社にお詣りし、大国主命と共に国造りをした軌跡を辿った〉

大洲に、オオクニヌシと組んで国づくりをしたスクナヒコナ（スクナビコナ）という神の事跡があることは、筆者もちょっとだけ知っていた。

詳しい情報をとネットで調べていたら、『愛媛県史』（愛媛県　一九八四年（一九八二―八九年））にぴったりくる話が載っていそうだった。愛媛県立図書館にメールを送ると、「えひめ資料室」からていねいな返信が来た。この文献は全文デジタル化されており、キーワードで検索すれば該当ページが読めるという。

『愛媛県史』にはこうあった。

『古事記』にあるイザナギ、イザナミの国生みにより、伊予国は愛比売（えひめ）と呼ばれた。
〈美しい乙女の国を意味する「愛媛（愛比売）」は、その名にふさわしく自然もおだやかであり、しかも女性的である〉

有名な道後温泉については、つぎのように述べられている。逸文というのは、他の書物などに一部が引用されてはいるものの、完全な形ではのこっていない文献のことだ。

〈伊予の温泉の由来についての古代伝承は、「伊予国風土記」逸文の記事にある〉〈湯の郡。大穴持の命（大国主命）が少彦名の命を仮死状態から蘇生させようと、大分の速見の湯（別府温泉）を地下の樋で引いてきて入浴させた。すると蘇生して元気よく足踏みをしたが、その足跡は今も湯の中の石の上にある〉

そして、『愛媛県史』は、『日本書紀』神代篇の一書をもとに、こうつづる。

〈伊予の温泉の由来譚（ゆらいたん）で特筆されるのは、スクナビコナノ命が復活した湯であるということであろう。スクナビコナは「身体の小さい男性」という意味。神産巣日の神の子で、その手の指の間から漏れ落ちたという小人であって、オホナモチの「大」に対する。その大小の二神が協力して国造りをし、スクナビコナは常世の国に行ってしまう（一説では粟茎に上って弾かれて行ったとする）。あとはオホナモチだけで国造りする〉

この神の背丈は人間の小指ほどしかないとされ、しかもオオクニヌシが頼りにした叡智の神だった。海からきたとされるものの、地球上の神というより地球外あるいは異次元から来たのかもしれない、と筆者は空想する。神話の編纂期に《カテゴリーc　創作されたもの》かもしれない。

〈伊予の国を神格化したのが神話の愛比売であり、それは寄り来る神と結ばれるヒメの国を意味す

る〉

その寄り来る神とはオオホナモチやスクナビコナのことだとされる。これは、糸井通浩（みちひろ）氏の学説だと『愛媛県史』にある。糸井氏は、国文学者・国語学者で、愛媛大学法文学部助教授などを経て京都教育大学、龍谷大学の名誉教授となった。

古代、出雲と伊予はとても艶っぽい関係にあり、それが県名にもなっている。

これこそ、八千矛の絶倫神オオナムチの面目躍如といったところだ。古代出雲王国がどうやって平和裏に勢力圏・影響圏を広げていったか、よく物語っている。

現在、道後温泉に近い湯（ゆ）神社の祭神はオオナムチとスクナヒコナの二柱、出雲崗（いずものおか）神社はスサノヲとクシイナダヒメの二柱となっている。だが、岡本雅享さんはこう述べる。

〈延喜式人名帳ではいずれも一社一座（神）。当初は出雲崗神社の祭神がオオナムチで、湯神社がスクナヒコナだったのかも知れない〉（『出雲を原郷とする人たち』）

オオナムチがスサノヲに取って代わられるケースは、他の各地にもよくみられる。これこそ、筆者たちが明らかにしようとする古代史の秘密、律令国家体制の作為のひとつだ。一般に、神社の祭神が変わることはそう珍しくはない。

〈新羅と繋がる出雲文化は海路で能登から越へ伝播（でんぱ）し、信州・北関東へと南下していく〉〈その縁が古代・中世・近世・近代を通して続いていた〉（同）

ネットワーク型古代出雲王国の広がりを知って、山根良夫さんはこう述懐する。

「出雲族のアイデンティティーがやっと証明されたような、壮快な氣持ちになりました」

平和を愛する神

オオクニヌシには八千矛の神という呼び名があり、能登半島でもその〝威力〟を発揮していた。『古事記』には、そのヤチホコが、高志（こし）のヌナカハヒメ（玉の川の女神）のもとに妻問いの旅に出て、長い求愛の歌をうたう有名なシーンがある。

♪ヤチホコの神と呼ばれるわれは　治める国に　似合いの妻はいないとて　……♪

じつは、出雲にかぎらず現地妻はたくさんいるのに、こうやって遠征しては、その土地の首長の娘を口説く。じっさい、正妃であるスセリビメは嫉妬してしまう。それに参ったオオクニヌシは、出雲から倭（やまと）（奈良県）へ家出しようとして歌をうたう。すると、ヒメは酒を捧げて夫のご機嫌を取り、歌を返して二神は仲直りする。

『日本書紀』には、あちこちの女神に生ませた子どもが計一八一人とある。オオクニヌシは、武力ではなく精力で、北部九州、能登半島をふくむ高志（越）、四国、畿内などへと勢力圏・影響圏を広げていった。

日本史上、もっとも多くの子どもを作ったのは、徳川家の第一一代将軍・家斉（いえなり）で六九歳まで生き、子の数は五五人との説がある。オオクニヌシは、それをはるかに上回り、まさに、いい意味での政略結婚をつづけた。

一八一人という数字は、オオクニヌシとひとくくりで呼ばれる複数の存在がつくった子どもの総数とも思える。いずれにせよ、オオクニヌシは、武力での威圧や流血を好まず、平和的な手段で勢力圏を広げていった大神だったことがうかがえる。

オオクニヌシの神威・神徳

『日本書紀』によれば、本来の皇祖だったタカミムスヒと皇祖アマテラスの共通の孫がニニギだった。タカミムスヒは、ニニギを葦原の中つ国（地上の国＝出雲）の君主にしたいと思った。そこで、神々を集めて誰を遣(つか)わしたらいいだろうかと話し合い、皆は〈アメノホヒが大変優れた神だから試してみては〉と進言する。

そこで遣わすと、この神はオオナムチにおもねって三年経っても復命しなかった。つぎに、その子を遣わすと、またもその父におもねって何とも報告してこなかった。

タカミムスヒは、さらに諸神を集めてつぎに遣わす者をたずね、天稚彦(アメノワカヒコ)を遣わした。だが、この神は出雲に着くとオオナムチの娘のシタテルヒメ（下照姫）を妻とし、地上にとどまり、〈私も葦原の中つ国を治めようと思う〉と言って、ついに復命しなかった。

このエピソードは、高天原から三次にわたって降りてきた神々が、オオナムチの神威・神徳にすっかり感化され、居着いてしまったことを物語っているのだろう。

『日本書紀』につづられた神話を読むかぎり、出雲は楽園だった。

第四章　流血を伴った制圧劇と王国終焉

出雲での暴虐

出雲大社の西には大社湾がひろがる。弁天島という小さな島があり、水平線に沈む夕陽の名所だ。日御碕とあわせ「日の沈む聖地出雲」として日本遺産になっている。

出雲の神も民もおだやかに暮らしていたある日、この湾をのぞむ稲佐の浜に、高天原から派遣された武装軍が現れる。アメノホヒなど三神が、出雲をすっかり氣に入って居着いたあとのことだった。

『古事記』によると、タケミカヅチが司令官で、アメノトリフネをしたがえてやってきた。『日本書紀』では、フツヌシが司令官、タケミカヅチが副官とされる。

本居宣長『古事記伝』をはじめ、識者によっては、この二柱は同一神としており、どちらが司令官かはあまり重要なことではない。

稲佐の浜での二柱が登場する神話は、七、八世紀ごろ、タケミカヅチとフツヌシを氏神とする中臣→藤原氏が中央政界にのしあがったことを反映した創作ともみられている（上田正昭氏、他）。

『記・紀』研究の専門家によると、タケミカヅチらが登場する場面は、文体の微妙なちがいからむりやり挿入された形跡がうかがえるという。

だが、この神話に描かれるような出来事は、出雲を舞台としてじっさいにあり、物部氏の前身集団などの武装軍が出雲に迫ったのではないかと筆者は考える。タケミカヅチの実在度数は低く、そのモデルとなったのは〈物部連などの祖〉のひとりとされる伝承上の人物ウマシマジかもしれない。

本書では、『記・紀』神話に沿ってつづることにする。

〈二柱の神は、出雲の国の五十田狭の小汀に降りられて、十握の剣をぬいて、倒さまに大地につき立てて、その先に膝を立てて座り、大己貴神に尋ねていわれるのに、「高皇産霊尊が皇孫を降らせ、この地に君臨しようと思っておられる。そこでわれら二人を平定に遣わされた。お前の心はどうか。お譲りするか、否か」と〉（『日本書紀（上）全現代語訳』宇治谷孟訳　講談社学術文庫　一九八八年）

剣先には神威が宿るとされる。剣をぎゃくに突き立てその先に座ったというのは、出雲の偉大な神に対抗する強い神威を示す神話的な表現だろう。

オオナムチ（オオクニヌシ）は、子どもの神たちに相談して返事をする、と答える。子のコトシロヌシはそのとき、出雲の美保の崎で釣りまたは鳥射ちをして楽しんでいた。出雲には緊迫感がなかったのか、それとも、いずれこういう日が来ると内心覚悟していたのだろうか。

コトシロヌシは、オオクニヌシの使者に〈父上は抵抗されないほうがいいでしょう〉と伝え、波の上に幾重もの青柴垣をつくって海中に退去してしまった。使者は急いで帰り報告した。

〈そこで大己貴神は、その御子のことばを二柱の神につげられて、「わが頼みとした子はもういません。だから私も身を引きましょう。もし私が抵抗したら、国内の諸神もきっと同じように戦うでしょう。今私が身を引けば、誰もあえて戦わないでしょう」といわれた。そこで国を平らげたときに用いられた広矛を、二柱の神に奉られていわれるのに、「私はこの矛を以て、ことをなしとげました。天孫がもしこの矛を用いて、国に臨まれたら、きっと平安になるでしょう。今から私はかの幽界に参りましょう」と。いい終わると共に隠れてしまわれた〉（同）

これが、有名なオオクニヌシの国譲りのシーンだ。大国主が献上した広矛は、荒神谷遺跡から出土した銅矛と同じようなものとされる。なんらかのつながりがあり、古代出雲王国の王権を象徴する神器と言えるのだろうか。

稲佐の浜と弁天島

三浦佑之氏は、国譲りではなく「制圧」だったとする（『出雲神話論』講談社　二〇一九年）。だが、なぜ制圧とみるのか、必ずしも根拠を明示しておらず、その時期も二説あげて特定していない。近年、おなじように制圧だったという見方をする歴史家が複数みられるものの、考古学の知見にもとづく制圧時期の根拠（物的証拠）を示していない。

本郷和人氏は、こう述べている。

〈私はヤマト王権の蛮族征服が、武力による制圧というよりも、地域のボスである豪族たちとの同盟関係に近いものだったことを表しているのではないか、と考えています。もちろん、大陸・半島経由の最新型の武器を誇示したり、威嚇的な攻撃はあったでしょうが、力と力が正面からぶつかり合う本格的な戦争はなく、ほとんどは外交交渉で、その勢力を広げていったのではないか〉（『日本史を疑え』）

たしかに、少なくとも出雲では、本格的な戦争はなかっただろう。国譲りという言葉のもつ穏やかな印象より制圧にかなり近く、ある程度は凄惨な出来事があったのではないか。本書では制圧と呼ぶことにする。

『日本書紀』では、オオクニヌシが幽界に行ったくだりにつづいて、こう記されている。

〈そこで二神は、もろもろの従わない神たちを誅せられ、――あるいはいう。二神は邪神や草木・石に至るまで皆平らげられた〉

誅とは、罪のある者を討伐することだ。出雲の神や民は、平和に暮らしていた。それなのに、服従しない者たちを一方的に罪人とみなし、邪神として平らげたのだ。つまり、皆殺しだ。しかも、草木や石にいたるまで平らげたといい、局所的には荒々しい制圧劇が展開されたのだろう。

『日本書紀』は、律令国家体制の正式な歴史書「正史」だ。したがって、暴君として伝えられる第二五代武烈天皇の暴虐エピソードなどは例外として、王権に不利なことは極力、筆を抑えたとみられる。それなのに、国譲りと呼ばれてきた制圧のくだりでは、暴虐性がにじみ出ている。じっさいには、相当なことがあったのだろう。

「六月晦日大祓」の文言

『日本書紀』からは暴虐ぶりがうかがえる、という筆者の見方を錦田剛志さんに話すと、おなじ意見だという。『日本書紀』と同様の描写は、毎年六月と十二月の晦日に各地の神社で唱える「六月晦日大祓」という祝詞にあるそうだ。錦田さんはその原文と現代語訳の資料をコピーしてくれた。さすが、現役の宮司で頼りになる。

この祝詞は、平安時代中期に編纂された『延喜式』（格式＝律令の施行細則）にあり、現存する最古の祝詞とされる。朝廷に仕えるすべての人びとの罪を清めるために唱えられる。明治になって文章の一部が改編されたが、国譲り（制圧）をめぐるつぎのくだりはそのままだそうだ（以下、現代語訳）。

〈荒れ狂った神々に対して、帰順するか否かを問いただし、（それに応じない神々は）悉く討ち払い、物言い騒いでいる（言葉を返して順わない）岩石や木の切り株や草葉の一片に至るまで言い聞かせ鎮めた上で〉皇孫が天降り天下を治める環境を整えた。

〈荒れ狂った神々〉とは、徹底抗戦しようとした国つ神、つまり出雲土着の勢力のことだろう。やはり、この祝詞には、国を統一しようとした際に、武力で抵抗した勢力が存在したことが示されている。『日本書紀』とあわせて考えれば、じっさいに、天つ神による流血を伴う事態があったのはまちがいないと思われる。

それを強く示唆するのが、オオクニヌシのもうひとりの子神タケミナカタのエピソードだ。『古事記』だけに記されている。タケミカヅチと力比べをして敗れ、遠く科野（信濃）の諏訪の湖まで逃走した。じっさいには、一対一の決闘ではなく、武装勢力同士の戦闘だったのではないか。そうでなければ、〈荒れ狂った神々〉という表現は出てこないだろう。

「国譲り」説はマインド・コントロール

制圧とは、威力で相手を押さえつけることだ。なぜ、出雲制圧が国譲りと呼ばれてきたのだろう。

三浦佑之氏によると、「国譲り」という言葉が最初に出てくるのは、意外にも新しく、一九二六年

（大正一五年）に三上左明という人物が書いた論文だという（『出雲神話論』）。

天皇を現人神とする皇国史観が強く打ち出され、やがて、満州事変→盧溝橋事件・日中戦争→大東亜戦争（太平洋戦争）へと至る。そうした時代だからこそ、平和裏に譲られた出雲国も天皇が統治する、と正当性・正統性を強調することが求められたのだろう。

〈記紀神話には、「のろひ」「まじない」「とこひ（呪詛）」「かしり（呪り）」「うけひ（誓約）」など実に多くの呪術が登場する。〉（『呪術の日本史』）

『記・紀』がつづる神話には、呪術が織り込まれている。現代で言うマインド・コントロールを駆使するものでもあっただろう。〈『記・紀』の呪縛〉という表現をする識者もいる。洗脳が暴力や薬物による強制的な心理操作であるのに対し、その一種であるマインド・コントロールは、相手にそれと氣づかれないように仕掛ける方法だ。

律令国家体制は、とくに『日本書紀』の神話を民衆に徹底して刷り込み、長い年月が過ぎた。それが加速したのが、大正から昭和にかけての時代だったのではないか。

国譲り説は、教育の場であつかわれることもあり、絵本や漫画、アニメにもなってくり返され、いまに至る。これこそ、天皇が統治する明治憲法下、国家体制による国民のマインド・コントロールだった。

タケミカヅチらの要求を、流血をきらい平和を愛するオオクニヌシは受け入れ「譲った」ことにされた。

そうしたオオクニヌシのパーソナリティは、ネットワーク型王朝を形成し維持する神髄・心髄でもあった。しかし、それが逆手にとられ、国譲りという名の制圧をされてしまったとも言えるだろう。

わが国初の首都造り

四隅突出型墳丘墓は、ヤマト王権の勢力圏にみられる前方後円墳が出現するよりまえに、各地で築造された。その事実上の北端とみられるのは、福島県・会津地方にある塩川町の荒屋敷遺跡で、四隅が突出した方形周溝墓が発見された。〈山陰の墓制が北陸を経由して会津に及んだもの〉とされる(『出雲を原郷とする人たち』)。

しかし、出雲の王族を葬った四隅突出型墳丘墓は、古墳時代前期となる三世紀の半ば、突然のように築造されなくなった。

先のベテラン考古学研究者は、筆者にこう語る。

「弥生時代後期中葉の出雲地方では、四隅突出型墳丘墓が比較的多く造られていました。それが、古墳時代前期には姿を消す。出雲の首長たちは、新たな時代に対応するため、自らが『いずものくに』の象徴である四隅突出型墳丘墓を造らなくなったものと思われます」

新たな時代とは何かと聞くと、こう話した。

「吉備、九州など各地域が連合して、ヤマトに政権を作った。かつては、ヤマトが力を持っていて全国をおさえて政権を作ったとされていたが、近年は、纏向(まきむく)遺跡の発掘の結果、全国各地の土器が出土し、ヤマトに建設されたのは連合政権だった、とする見方が有力になっています」

そして、大胆な仮説を語った。

「ヤマト王権を各地域連合で建設しようと音頭取りをしたのは、出雲ではなかったかと。そのころの出雲は大陸や半島と盛んに交易し、東アジア情勢にも明るかった。情勢は緊迫していて、日本国内でバラバラになっているのではなく、統一した王権が必要だと各地域に声をかけたのではないでしょうか」

その仮説を支えるには、物的証拠として、出雲が王権建設を主導したことを物語る出土品が必要となる。だが、じっさいは、そのぎゃくで、纏向遺跡の出土土器は出雲からのものが少なく、出雲が建設の主導はしなかったことをうかがわせる。しかも、おだやかに国譲りがおこなわれたことを前提にしないと、音頭取り説は成り立たないのではないか。

最近の研究によると、ヤマトは、弥生時代後期後半、つまり二世紀の初頭過ぎごろから、金属器の生産技術を発達させて力をそなえてきた。

中国の歴史書『後漢書』などで「倭国大乱」と書かれているように、二世紀半ばからざっと四〇年間、各地の勢力は日本列島で争いをくり返していた。だが、激動する北東アジア情勢を受け、まとまらなければならないと考えて、ヤマト王権創設に参加したとされる。

〈倭国女王卑弥呼は、こうして二世紀末の政治的、経済的、外交的な混乱を乗り切り、解消すべく新たな倭国王として擁立された〉(寺沢薫『弥生国家論』敬文舎)

卑弥呼の生年はわからず、二〇〇年ごろ女王となり、二四二年から二四八年のあいだに没したとされる。

奈良県桜井市の三輪山の北西麓一帯にある纏向(まきむく)遺跡では、無人の地に各地の勢力が集まり、都市の建設に着手したと考えられている。土器は九州から関東までの、それぞれの特徴をもつものが出土している。わが国初の首都造りとする専門家もいる。

吉備は、西谷三号墓などでの葬儀の時点では、出雲ときわめて友好的な関係にあった。しかし、纒向遺跡から吉備の土器が大量に出土しており、首都での連合政権作りではじめから積極的な立場にあり、出雲とはちがう路線に進んだことがうかがえる。

そうした大和での新しい動きを、出雲は知っていただろう。だが当初、それには参画しなかった。『出雲国風土記』の意宇郡母理郷（おうのこおりもりのさと）の条には、およそつぎのような記述がある。〈オオナムチは、自分が造って治めている国のうち、出雲以外は、皇御孫の命（すめみまのみこと）（アマテラスの子孫である天皇）が平安に治めるよう譲って任せる。ただ、八雲立つ出雲の国は自分が鎮座する国として、青々とした山を垣としてめぐらし自分で守る、と言った〉（木佐抄訳）

ここからは、本拠地の出雲だけは死守し、その外部にある古代出雲王国のネットワーク型勢力圏はヤマト王権に譲ったことがうかがえる。

皇御孫とはアマテラスの孫ニニギ、またはアマテラスの子孫である天皇のこととされる。『記・紀』神代篇によれば、オオナムチ（オオクニヌシ）の国譲りはアマテラスの時代のことだった。だが、このくだりでは、ニニギではなく天皇のことだろう。もしニニギだとすれば、国譲りの対象から出雲は除外されていることになり不自然だ。御茶の水女子大教授の荻原千鶴氏も天皇だと解釈している（『出雲国風土記　全訳注』講談社学術文庫　一九九九年）。

天皇（大王（おおきみ））がヤマトにいるようになった時代に、無血による出雲王国勢力圏の国譲りがまずあり、その後しばらくして、本拠地出雲に対し流血の制圧劇が展開されたのではないか。

『出雲国風土記』の右の記述は《カテゴリーa　史実の可能性が高いもの》と筆者は考える。出雲には、オオナムチが、当初、出雲だけは死守したという遠い記憶が、八世紀の風土記編纂期にも伝承されていたことはありうるだろう。

情報を大量に生産し大量に消費する現代と、メディアと言えるほどのものもなくかぎられた情報を伝承していく古代とは、決定的にちがうのではないだろうか。伝承は脚色されることもあるが、真実が伝えられることもよくある。

開国派と攘夷派

吉備をはじめ九州、北陸、関東などを地盤とする連合勢力は、出雲にもヤマトでの首都建設への参画を求めたのではないか。だが、独自の政治文化を誇ってきた出雲は、参画を拒否し、言わば〝鎖国〟の道をえらんだ。

神話をふまえて語れば、新体制造りに励む側は、出雲にタケミカヅチとフツヌシが率いる武装部隊を派遣し、出雲に国譲り・開国を迫った。そこで、出雲の大王オオナムチ（オオクニヌシ）は、子のコトシロヌシとタケミナカタの意見を聞いた。

コトシロヌシは、幕末にたとえると開国派だった。そして、開国を受け入れると答えながらも、派遣部隊に処刑されると思ったのか、みずから美保関沖の日本海で入水（じゅすい）した。

いっぽう、タケミナカタは攘夷派であり、徹底抗戦して敗れ、遠く信濃国の諏訪まで、落ち武者のように逃走した。それを追ったタケミカヅチの部隊は、諏訪の地から外へ出ないことを条件に、タケミナカタを許した。そのエピソードは『古事記』だけにつづられている。タケミナカタは、諏訪大社に「偉大な武神」として祀られ、全国各地の諏訪神社の祭神となっていまに至る。

四隅突出型墳丘墓が、とつぜんのように築造されなくなる三世紀の半ばころこそ、出雲制圧のときであり、古代出雲王国の終焉だと筆者は思う。
出雲の政治文化の象徴だった四隅突出型墳丘墓が造られなくなった事実を、出雲制圧以外で説明できるだろうか。

ポスト王国時代に入った出雲

出雲には、四隅突出型墳丘墓が消えてからのち、東部を中心としてほぼ正方形の方墳が出現する。安来市の大成古墳と造山古墳は、いずれも一辺が約六〇メートルという古墳時代前期では全国最大の方墳だ。このふたつの古墳では、ヤマト王権が配布したとみられている三角縁神獣鏡が副葬されていた（岡本雅享『越境する出雲学　浮かび上がるもうひとつの日本』筑摩選書　二〇二二年）。

方墳は四隅突出型の特徴である四隅の突出部を取り除いたものであり、部分的に出雲の独自性を保っている、との見方がある。だが、この時代の出雲の古墳には、竪穴式石室という特徴から出雲と大和の混成と思われるケースもあり、大和の政治文化がしだいに出雲を侵食していることがうかがえる。

ヤマト王権が、古代出雲王国のシンボルとも言える四隅突出型墳丘墓の築造を禁止し、出雲側はやむをえず方墳にした可能性はないだろうか。

そして、四世紀前半、出雲の西部にも前方後円墳が現れる。これこそヤマト王権の政治文化そのものであり、政治的、軍事的な面で本格的に出雲を侵食したことを物語るかもしれない。

ただ、律令制度が整えられる時代よりずっとまえであり、出雲が完全にヤマトの政治体制に組み込まれたわけではないだろう。出雲は制圧されたのち、ポスト王国の時代に入った、と筆者は思う。

島根県教育庁文化財課の池淵俊一調整監は、「出雲の交易拠点としての重要性は不変だった」と筆者に語った。経済や宗教面を中心に、ある程度の自治のようなものはあったとみられる。

本郷和人氏は、「古代フランチャイズ制」という考え方で説明する。

〈ヤマト王権と手を結んだ地方豪族は、ヤマト王権から技術指導を受け、巨大古墳をつくることで、いわば「ヤマト王権ブランド」を手に入れ、支配下の人々や周囲の豪族に、それを見せつけることができます。地域を直接支配するのは、これまで通り地元の豪族ですが、一定の貢納などをおこなうことでヤマト王権の考える秩序に参加していく。つまり看板を掲げて「ヤマト王権」のフランチャイズになるのです。

ヤマト王権による支配とは、地方豪族という点を結んでいく、「点の支配」だったのではないでしょうか。実際に武力で制圧するのは、多大なコストがかかります。しかも、戦後の占領統治にはもっと手間がかかる〉(『日本史を疑え』)

出雲は特別であり他の地方豪族とはちがっていたので、武力をともなった制圧と戦後の占領統治が、ある程度必要だっただろう。

怨讐を越えヤマト王権建設に加わる出雲

出雲派遣部隊には、大和のほか、吉備、北部九州、北陸などの勢力が加わっていたかもしれない。

出雲はいったん制圧された。だが、出雲から脱出せず残留した勢力は、まもなく制圧側に協力し、ヤマト連合王権の建設に参画したのではないか。

その理由はこうだ。大和で出雲系土器が出土するのはやっと古墳時代初めからで、弥生時代後期にはじまる越前や加賀つまり越などよりかなり遅いからだ（『出雲を原郷とする人たち』）。

出雲系土器の出土が、ほかの地方より遅いということは、ヤマト建設を出雲が主導したのではないことを物語るだろう。

松木武彦・国立歴史民俗博物館教授は、〈日本の国家形成の大きな特徴〉として〈武力統一戦争なしの国家形成〉をあげる。出雲制圧も武力統一戦争と言えるほどの重大な事態ではなかっただろう。

そして、松木氏はこう述べる。

〈大きな戦いを経ずして国の最初の原型ができたというのが、いまの日本文化、日本社会のあり方に大きな影響を持っているんじゃないか〉（NHK　ETV特集「誕生　ヤマト王権　いま前方後円墳が語り出す」二〇二一年五月二九日放送）

出雲は、遅れてでも王権の建設に加わるしか生き延びる道はなかったのだろう。

現代史を考えてみればいい。一九四五年、アメリカ軍による東京大空襲や広島・長崎への原爆投下を受けて敗戦した日本は、マッカーサー率いるGHQに占領された。昭和の日本制圧だ。しかし、まもなく、日米のあいだで同盟関係を築きはじめ、やがて日米安全保障条約を締結、正式に同盟国となる。

離合集散、合従連衡は世の常であり、古代においても、制圧の怨讐を越え、出雲がヤマト王権の建設に加わったことは、じゅうぶんありうるだろう。

とはいえ、出雲側が積極的だったわけではないようだ。纏向遺跡は、弥生時代末期から古墳時代前期にかけての集落遺跡で、国の史跡に指定されている。

纏向学研究センターのデータによると、全土器の一五〜三〇パーセントが地元ではなく他地域系だった。そのうち八〜一〇パーセントが出雲系とされる。つまり、出雲系土器は最大に見積もっても全体の三パーセントしかなかった。

古墳時代に入り、出雲西部の「西谷の丘」でも、中小規模の円墳（えんぷん）や方墳（ほうふん）がたくさん造られるようになる。出雲を拠点とするネットワーク型王国が各地の勢力圏に広めた四隅突出型墳丘墓の政治文化は、完全に過去のものとなったのだ。

出雲の四隅突出型墳丘墓は消滅する。そして、大和で炭素年代測定によって二四〇〜二六〇年に完成したとみられる箸墓古墳をはじめとする前方後円墳が、出雲をふくむ各地に出現する。それは、政治の主導権が、ネットワーク型出雲王朝から、中央集権の萌芽期とも言えるヤマト王権へ移る象徴だったと言えるだろう。まさに、古代フランチャイズ制だった。

古代出雲王国は終焉を迎えても、出雲国そのものがなくなったわけではない。その後も、ポスト王国時代の出雲が、少なくとも八世紀末までつづくことになる。

【コラム】時系列アリバイを崩すもうひとつの物的証拠

出雲の墓制の変遷について、島根県教育庁の池淵俊一調整監（考古学）は、こう述べた。

「王族とも呼べる首長の一族を埋葬した墓が出現するのは、弥生時代後期後半（紀元一世紀半ば以降）になってからとされる。それまでは母系や父系にかぎらない双系で、一族の誰かがリーダーになった」

考古学や文献史学の上で、実在が確実視される最初の大王（天皇）は雄略で、埼玉県の稲荷山古墳で出土した五世紀末（通説）の金錯銘鉄剣によって裏づけられる。それまでの日本列島は各地の有力豪族による連合体であり、雄略天皇の登場によって大王を中心とする中央集権体制がはじまったとする見方もある。

つづいて、六世紀の欽明天皇（在位五三九～五七一年？）以降、大王（天皇）位はその子孫のなかで継承されるようになる。

初代神武以来の天皇の系譜は、奈良時代に、父系社会の発想で過去にさかのぼって創作された、と多くの識者らはみる。

『記・紀』や『先代旧事本紀』などには、神々や実在の人物の系譜、おもに世襲のことが、長々とつづられている。だが、それらの多くは《カテゴリーc　創作されたもの》の可能性が高い。考古学にもとづく墓制の変遷がその物的証拠となる。

これも、スサノヲ→オオクニヌシの系譜をめぐる時系列アリバイを崩す有力な証拠となるだろう。

第五章　東北へ逃れた出雲難民

出雲から秋田へ

「迫り来るヤマト」——錦田剛志さんは、出雲歴博で学芸員をしているとき、そんなタイトルの特別展企画案を出したという。そのコンセプトは、出雲制圧を展示で再現しようとするものだった。だが、同僚らから指摘された。「出雲では、古代の戦闘の跡が発掘されておらず、証拠がない。やはり穏やかな国譲りだったのではないか」。アイデアは却下された。

戦闘を示す遺跡がないからといって、出雲制圧はなかったと言い切れるだろうか。『古事記』によれば、オオクニヌシの子神タケミナカタは、タケミカヅチと戦って敗れ、遠く信濃国の諏訪まで逃げた。

それをのぞき、オオクニヌシのもと平和に生きてきた出雲の民の多くは、局所的な流血をともなう制圧の前後、ほとんど武力抵抗をせず、まとまって逃げ出したのではないか。

そうした仮説を立てネットで調べてみたら、ＰＤＦファイルとして掲載された唐澤太輔・秋田公立美術大学准教授の論文がヒットした。「秋田・出雲・越—東北 - 出雲説から—」というタイトルだった。
〈はじめに「東北‐出雲説」とは、高天原から天下った神々（天津神）に出雲を追われた国津神たちが東北へ辿り着きそこに根付いたという説である。つまり、東北の人々や伝承のルーツは出雲にあるというものである〉

これは、筆者が探していたテーマそのものずばりではないか。そこに、こんなくだりがあった。
〈秋田の郷土史家・伊藤郷人は、島根県の古志郷や簸川郡（現在は両方とも統合消滅）には、アマテラスの使者タケミカヅチに負けたオオクニヌシの民たちが秋田へ逃れたという伝説が残っていると述べている〉

論文には、その郷土史家による文章の核心部分が引用されていた。それを〝孫引き〟することもできる。だが、筆者はメールで唐澤氏に連絡をとって事情を伝え、原文を送ってもらえないか頼んでみた。すると、親切にもすぐに返信メールが来て、原文の全ページが添付されていた。

秋田県文化財保護協会が一九七九年に発行した『出羽路』に収録され、タイトルは「神話の中の高志・古志・越の地名と秋田」だった。古代における出雲と越(こし)そして秋田の関係を考察するもので、筆者にはとても興味深い。一番に注目されるのは、やはり唐澤氏も引用していたつぎの文章だ。
〈（出雲の）古志郷と簸川(ひかわ)郡あたりには、「たけみかずちのみこと」と諸神との争いの伝説の中に、納得した者共は古志に残り、納得しない者共は「あきた（秋田）」へ行ったとの伝説が残されているが、この伝説はなんであろうか、島根の古志郷と秋田との交流、神話と後代と交錯する伝説で、高志、古志、越、古四と何か共通されていると考えられるのである〉

出雲市にはいまも、古志(こし)町という地名がある。『出雲国風土記』によると、川の堤を築く労働力として古志（越）から出雲へ来た人びとが滞在したため、そう名づけられた。

古四という地名は初耳だった。ネット検索すると、秋田市に古四王神社があり、タケミカヅチと四道将軍のひとりで北陸を平定したとされる大彦命が祭られている。ほかに秋田県大仙市にも古四王神社があり、祭神はオオヒコと他五柱とあり、そのなかにタケミカヅチもふくまれている。

郷土史家・伊藤郷人氏は、つづく段落で、ヤマト王権による律令国家建設のプロセスにおいて、出雲をはじめとする独自の文化や神への信仰、神話が失われたり覆い隠されたりした可能性を指摘し、その実態解明をすべきだとアピールしている。

紛争や迫害から他国に逃れた人たちを、現代では一般に「難民」と呼ぶ。出雲制圧時に、出雲の民の多くがクニを越えて逃げたのだとすれば、まさに難民だった。

筆者は、この秋田での伝承が出雲でも伝わっていないか、徹底調査することにした。簸川郡は平成の大合併で出雲市となり、このエピソードの関連情報を持っていそうな地元施設は出雲市立斐川図書館だ。メールを送り、伊藤郷人氏の文章を引用して、呼応する伝承はないか、そうした伝承を知っている郷土史家はいないか問い合わせた。

斐川図書館では、スタッフ総出で資料・史料を当たってくれたそうだ。しかし、そういう伝承は文献になく、知っていそうな郷土史家もいないという。そこで、同様に、荒神谷博物館、出雲歴博、さらに島根・郷土資料室にも問い合わせた。

収穫はゼロだった。なぜ、秋田にのこる伝承が、本家本元の出雲にないのか。筆者にはわかるような氣がする。

第二次世界大戦で敗れた日本を占領したマッカーサー司令官のＧＨＱが、まず実施した施策のひとつは言論統制だった。ＧＨＱが日本政府の背後からわが国を間接統治していることそれ自体を極秘とした。言論の統制によって、国民は歪曲した歴史観を刷り込まれ、マインド・コントロールされていまに至る。

古代の出雲制圧でも、タケミカヅチ司令官のもと言論は統制され、制圧の真実を言い伝えたり書き残そうとしたりしても、きびしく取り締まられたのではないか。『出雲国風土記』を読むと、占領軍のフツヌシは、制圧からかなりの長期間、出雲にとどまり各地を回っていたことがうかがえる。それは、占領軍の指令を住民が守っているか、にらみをきかせるためでもあったかもしれない。出雲の各地に足跡のあるフツヌシは別神だとの説もあるが、やはり同一の神だろう。

だから、出雲には制圧時の出来事や難民についての伝承がないのではないか。

唐澤大輔准教授の論文には、出雲と秋田をむすぶ手がかりとして、たとえば以下のような例が紹介されている。

〈男鹿(おが)半島の付け根にある八龍(はちりゅう)神社では、八龍権現としてオロチ（大蛇）を祀っている〉

八龍神社のすぐ近くには東湖八坂(とうこやさか)神社があり、毎年七月七日の神事で「牛乗り」がおこなわれる。

〈スサノオ役の男性に酒を飲ませ泥酔させた上で、黒牛に跨らせて巡回する。ヤマタノオロチ伝説では、スサノオによって酒を飲まされたのはヤマタノオロチであった。しかし、この神事では、飲む・飲まされるが逆なのである〉

いずれも興味深い話ではある。出雲のひとや文化が秋田へ伝わった跡が、うっすらとながらうかがえる。

直木賞作家・高橋克彦氏と語り合う

唐澤氏は、論文で、岩手県盛岡市を拠点として書きつづけ直木賞など文学賞を総なめにした作家・高橋克彦氏（一九四九年生まれ）の作品も一部引用している。学術論文で小説に言及するのは異例だ。

〈出雲から海伝いに北へと流れ、新たな民族を形成していったのが東北人のルーツなのである〉〈「和」の人々は、「出雲の国譲り」の後、畿内から遠い九州あるいは東北地方に逃れた〉（『東北・蝦夷（えみし）の魂』現代書館　二〇一三年）

（同）

筆者は、出雲へUターンする直前の二〇一三年晩夏、東京から盛岡へ東北新幹線で行き、高橋克彦氏に取材した。多忙なので四〇分だけという条件だったが、話がはずみ、他の取材陣を待たせたまま一時間半以上も語り合った。そのとき聞いたなかで、やはり東北には出雲の痕跡があるのだな、と思ったのがこんな話だ。

「岩手県の観光地のひとつに龍泉洞があります。その場所は下閉伊（しもへい）郡ですが、もとは下斐伊（しもひい）郡といったんです」

斐伊とはヲロチ退治で有名な出雲の斐伊川から名づけられたのではないか。高橋氏もそういう意味で教えてくれた。氏が第三四回吉川英治文学賞をとった作品には、こんなくだりがある。

〈蝦夷はもともと出雲に暮らしていた。出雲の斐伊川流域が蝦夷の本拠。斐伊を本（もと）とするゆえ**斐本**（ひのもと）の民と名乗った。それがいつしか**日本**と変えられて今に至っておる。宮古や玉山金山の辺りを下閉伊と呼ぶのもその名残〉（『火怨（かえん）　北の燿星アテルイ』講談社　一九九九年）

斐伊川は、ヲロチ退治神話の舞台であり、古代には、出雲平野で西に曲がり大社湾へと流れていた。いまでは東に流れ宍道湖（しんじこ）へ注いでいる。近年、斐伊川から神戸川に洪水の一部を分流する水路が完成した。斐伊川本流はわが家から直線で四〇〇メートルあまり南のところを流れ、その土手は筆者のウォーキングコースになっている。

東北地方での出雲の痕跡が、北陸や秋田県など日本海側だけでなく、太平洋に面した岩手県にまであるとすればすごい。

高橋氏へのインタビューには、たくさんの質問を用意していた。ヲロチ退治についても、こんな仮説を話し、意見を聞こうと思っていた。

『記・紀』神話では、スサノヲがヲロチを退治して出雲を治めたとされる。だが、ヲロチとは〝出雲の神々の象徴〟であり、それを倒した功績を『記・紀』編纂者がヲロチ退治として象徴的に語ったものではないか――というものだ。

だが、そのころはまだ、そういう仮説を裏づける証拠はみつけていなかった。そもそも証拠が存在するかどうかもわからないので、口にするのをためらった。

出雲と越（こし）、東北の方言

松本清張『砂の器』

古代出雲の真実を知るには、言論統制されてきた出雲でより、むしろ、東北地方などで、さまざまな分野の専門家が協力して大がかりに学際的な調査研究をする必要があるだろう。

出雲と東北をむすびつけるものと言えば、松本清張の名作『砂の器』（新潮社　一九七三年）が有名だ。東京で殺人事件があり、被疑者は東北弁を話していたという複数の証言があった。捜査本部は東北に捜査員を派遣するが、事件は迷宮入りしかける。

捜査本部の刑事は、国立国語研究所へ出向いてさまざまな文献をみせてもらい、出雲でも東北なまりの言葉が使われていることを知る。そこから、犯人像をしぼっていく。犯人は出雲出身だった。

清張は、同研究所の『日本言語地図』（全六巻　一九六六〜七四年）などを参照して、あの名作を書いたものと思われる。筆者は、より新しい研究はないか探した。

小泉保『縄文語の発見』

東北弁と出雲弁について、一九九八年に発行された小泉保著『縄文語の発見』（青土社）に、詳しく載っていることを知った。品切れ中となっていたが、島根県立図書館から取り寄せた。小泉氏は「まえがき」でこう述べている。

〈たとえば、出雲の方言がなぜ東北弁と同質であるかという問題に納得のいく解説を施すためには、縄文時代の言語情勢を推定し、そこから説き起こす必要がある〉

小泉氏は、〈東北弁的特徴を念頭において、それぞれの特徴が全国的にどのような分布をなしているか調べてみよう〉とし、〈イとエの区別がない地域〉を黒のアミで示す地図を掲載している。

この分布図をみると一目瞭然だろう。出雲とその勢力圏・影響圏だった越（こし）のほか、東北地方のほとんどと北海道の南部が黒のアミ〈イとエの区別がない地域〉になっている。白黒の横のストライプはイとエが混同される地域だ。分布図について、小泉氏はこう説明している。

〈仙台や新潟では「胃」イと「柄」エがともに「エ・」［e・］となる。ここで注意すべきことは、

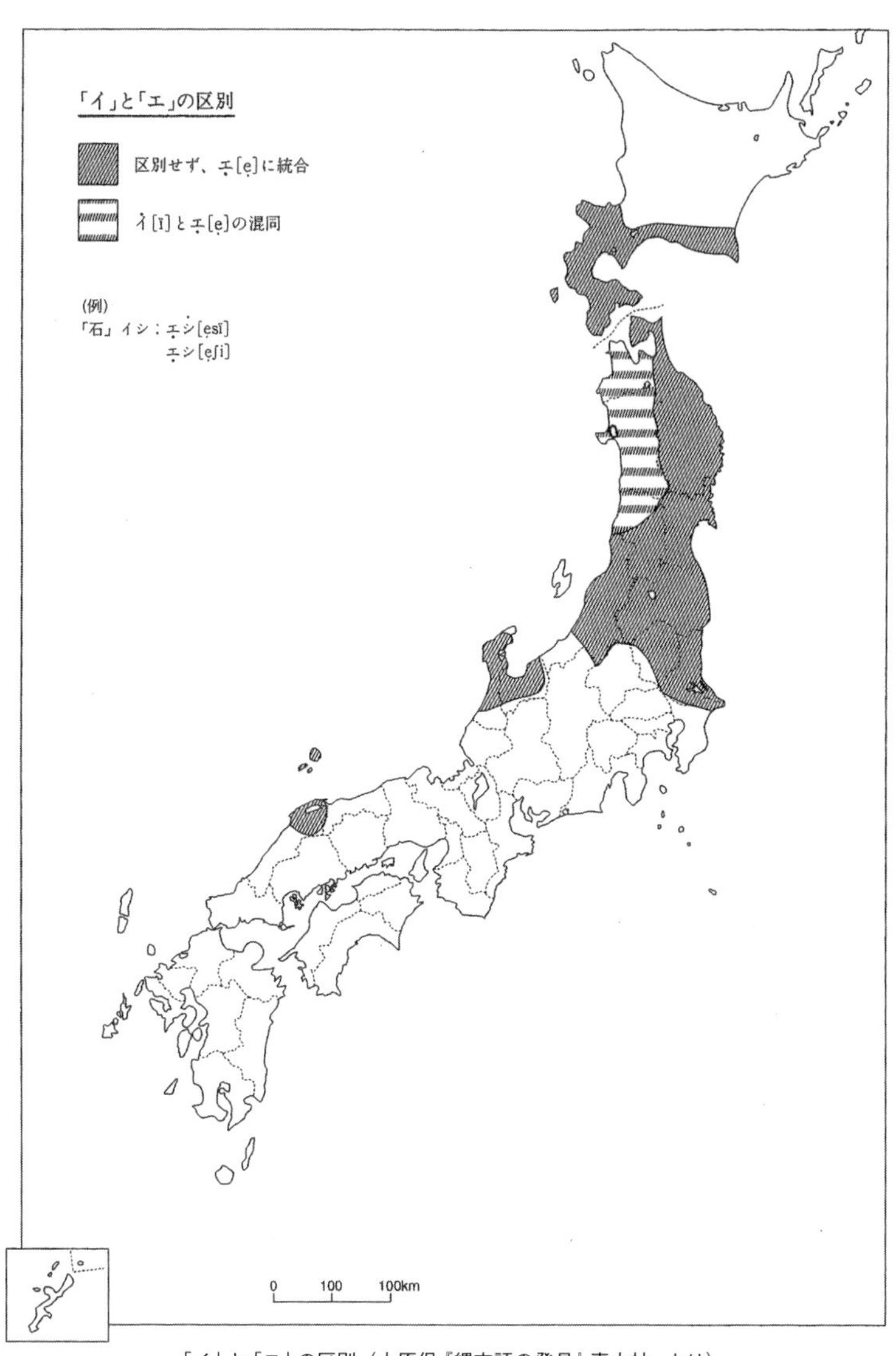

「イ」と「エ」の区別（小原保『縄文語の発見』青土社、より）

富山と能登半島や金沢付近でもイとエの区別が失われているし、島根県の出雲でも同様な現象が見られることである〉

小泉氏は〈出雲方言が東北系であることは疑う余地はない〉とし、つづいてこう述べる。

〈だが、なぜ出雲地方に東北系の方言が話されているのか、その理由について明確に論じられたことはない。大昔に東北の人々が大挙して出雲に引っ越してきたとは考えられないし、そうした移住を暗示するような記録も伝承も伝わっていない。

とすれば、出雲地方の言葉はずっと以前から東北弁の系列に属していたと推定するのが穏当であろう。しかも、出雲地方と東北地方とのつなぎとして、新潟、富山、石川県にも東北型の方言特徴が残されている〉

筆者は、〈大昔に東北の人々が大挙して出雲に引っ越してきた〉事実が本当になかったか、あちこちで調べた。するとあったのだ。

ヤマト王権は、東北地方の人びとをさげすみ蝦夷（えみし）とも蝦夷（えぞ）とも呼んだ。

律令国家体制下、中央政府は、蝦夷のなかで帰順・同化した人びとを俘囚（ふしゅう）と呼んだ。その俘囚が全国各地に移配（強制移住）され、出雲には延暦一七年（七九八年）までに移配された。そして、八一三年から翌年にかけ、意宇（おう）（松江市）・出雲・神門（かんど）（出雲市の一部）という出雲国の中心地域を舞台に、大規模な反乱が起きた（大日方克己『出雲に来た渤海（ぼっかい）人―東アジア世界のなかの古代山陰と日本海域―』松江市歴史まちづくり部資料編纂課　二〇一九年）。

出雲には六〇人が移配されたとする古い文献もある。俘囚は全国各地に移住を強制されたのであり、出雲だけに東北弁が伝わった理由にはならない。また、わずか六〇人が東北からきただけで、出雲の方言が東北弁になるとも思われない。

小泉保氏は、「出雲神話と言語」という項目を立てて論じている。

〈神話伝承の面から推しても、出雲地方の言語はきわめて古いものであろう。弥生系の天孫族が畿内を占有して、次に対立したのが出雲族である。国譲り神話によれば、平和的な政治交渉によって国つ神系の出雲族が天つ神系の天孫族に屈従したことになっているが、事実は戦争による解決であったと思われる〉

〈文化英雄オオクニヌシと祖神スサノヲを尊崇する誇り高い出雲族は、外来の天孫族に降伏しても天孫族の弥生語に同化することをいさぎよしとせず、本来の東北系縄文語を固守してきたのではないだろうか〉

小泉氏の学説は、つまるところ東北→出雲、そして、縄文語→弥生語という流れだ。

縄文語→弥生語はともかく、東北→出雲はぎゃくではないか、と筆者は考える。

当時、出雲は大陸や朝鮮半島との国際交易都市であり、文化の拠点であり、古来の宗教の聖地でもあった（神道という言葉は、六世紀中ごろ仏教伝来の影響によって生まれたとされる）。北陸にはもともと、先進地域である出雲族の言葉が伝わっていただろう。さらに、出雲制圧の前後、難民が北陸経由で、あるいは直接、東北まで移住したと考えられる。現代の言葉で言えば政治亡命に近いか。

では、なぜ北陸ではなく東北へ逃れたのだろうか。おそらく、北陸はヤマトから近く、出雲族にとって安住の地ではなかったのだろう。くり返すが、『古事記』には、出雲制圧の際、タケミナカタが信濃国の諏訪まで逃走しながら、追いつかれたエピソードがつづられている。崇神天皇一〇年条には、北陸に四道将軍のひとり大彦命（オオビコ）が派遣されたとある。

出雲制圧時より時代が五〇〇年以上下る七七四～八一一年、律令国家体制が派遣した征夷大将軍・坂上田村麻呂は、東北を武力で平定しようとした。「三十八年戦争」と呼ばれる。それを逃れ、北海道の南部まで移住した人びともいた。だから、この分布図にあるように、古代標準語としての出雲弁が北海道の一部まで広まったのではないか。また、北東北と北海道は、縄文時代以来ひとつの文化圏だった。

『国語学研究事典』などを参考にざっと述べれば、現代の標準語は明治時代に東京語を母胎にして作られた。奈良時代には大和地方の言葉、平安時代から室町時代末までは京都の言葉というように、その時代の政治・経済・文化の中心地の言葉を国の規範的・標準的な言葉とした。

だから、出雲弁が越や東北、北海道南部で〝標準語〟として広まったことも、じゅうぶんに考えられる。

アユノカゼと古代出雲

日本海沿岸の漁民とりわけ高齢の人は、いまでも、主に東北ないし北から吹いてくる風を「アユノカゼ」と呼ぶそうだ。それから変化し、地域によって「アイノカゼ」「エーノカゼ」「アエ」などとも呼ばれる。

方言研究者の室山敏昭・広島大名誉教授は、丹念なフィールドワークによって、その文化史を書いた。以下、その著作の概略について述べる（『アユノカゼの文化史―出雲王権と海人文化―』ワン・ライン　二〇〇一年）。

〈（この風の呼び方は）奈良時代をかなり遡る古い時代から日本海沿岸の広い範囲において使用されていたものであることは、ほとんど疑う余地がないように思われる〉
〈文化交流を可能にした水運において、極めて重要な機能を担ったのが海人の風や潮に関する豊かな知識だったはずである〉
〈山陰を中心に分布している「アイ」系の風名は、出雲地方に渡来、定着した海人集団がこの列島

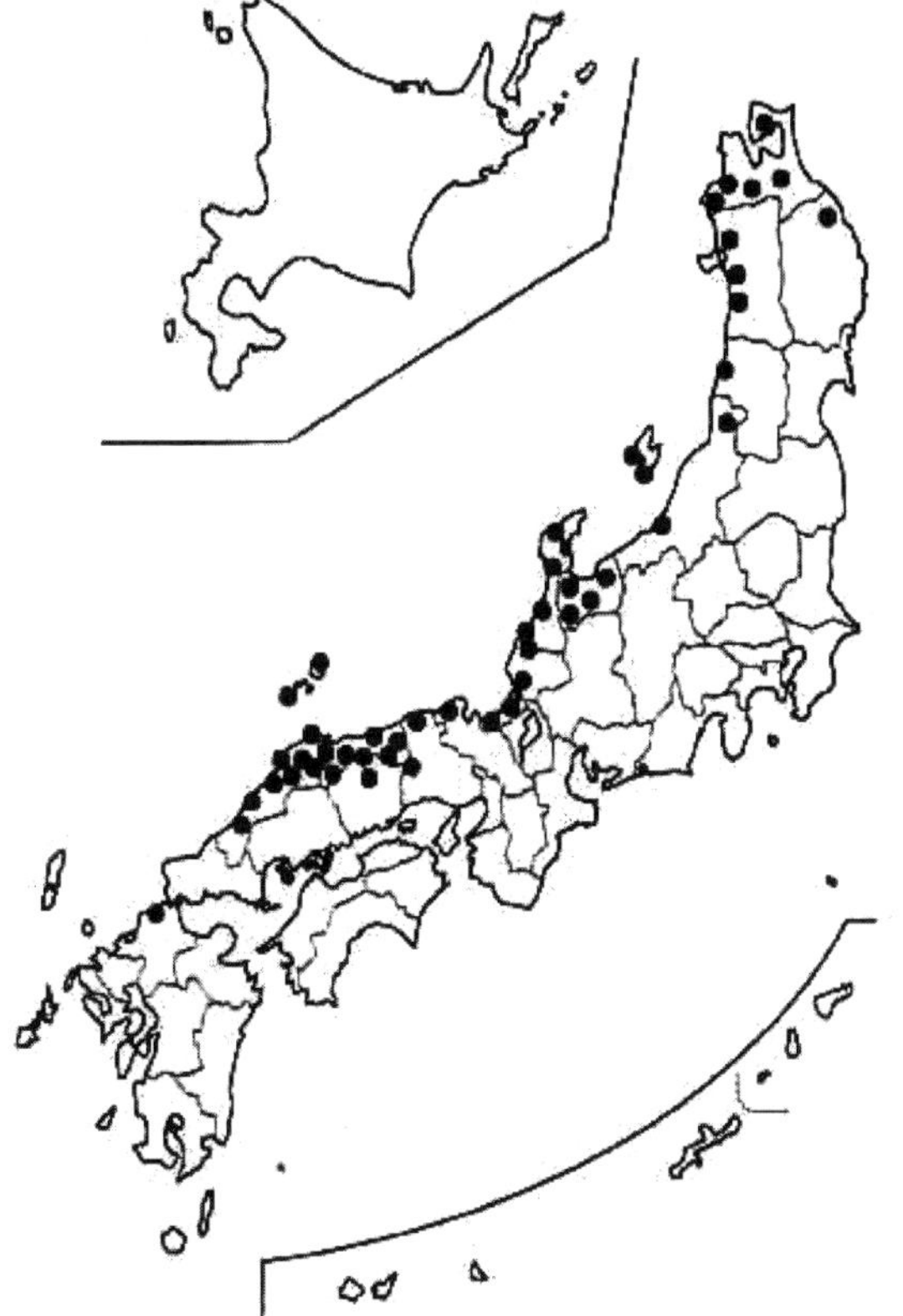

「アイ」系の風名の分布図（真田信治『方言の日本地図　ことばの旅』（講談社＋α新書　2002年、より）

にもたらしたものであり、それが出雲（王権）の勢力拡大にともなって、越の国まで分布していったものと考えられる〉

室山氏は、出雲王権は「海の文化」を背景とし縄文文化に強くつながる性格をもっていたとする。その象徴として、出雲大社のご神体は「蛇」（海蛇）であるとする伝承についてふれ、〈土着のカミ（国つ神）を「海蛇」とする一種の宇宙観が出雲族の永い基盤に存したと解することができるだろう〉とする。

それに対し、ヤマト王権は「稲の文化」を背景とし弥生文化を基盤とするものだったとみる。出雲がヤマトに後々まで抵抗したのは、〈この二つの文化の顕著な異質性に決定的な要因が存したものと考えられる〉と述べる。

その著作には、「アイ」系の風名の分布図が載っている。それをみると、著書の本文では言及されていないが、分布は越（北陸）までにかぎらず、東北地方の日本海沿岸から一部は太平洋側にまでおよんでいる。

古代には、この風と、ぎゃくの対馬海流によって、出雲を核とする山陰と北陸、東北は往来が容易であり、共通の文化圏を形成したわけだ。ただ、主な流れは出雲→北陸→東北だったのだろう。もとの分布図がやや複雑なため、それをもとに真田信治『方言の日本地図　ことばの旅』（講談社＋α新書　二〇〇二年）が作成したものを引用する。

ＤＮＡが語る難民ルート

古代における出雲と東北のつながりを探るなかで、新しい角度からの考察があった。

国立遺伝学研究所の斎藤成也（なるや）教授は、二〇一九年末、出雲市立出雲弥生の森博物館で講演した。そのとき筆者が聞いた話と斎藤氏の著書をまとめると、つぎのようなとても興味深い研究がおこなわれている（『核ＤＮＡ解析でたどる　日本人の源流』河出書房新社　二〇一七年）。

二〇一〇年代、出雲地方出身者の集まりである「東京いずもふるさと会」から同研究所にＤＮＡの調査依頼がきた。そこで、東大医学部の徳永勝士教授の協力をえて、ふるさと会の二一名から血液を採取し、ＤＮＡを抽出した。

〈その結果は、目を見張るものだった。出雲が含まれる山陰地方は、地理的に朝鮮半島に近いので、人々のＤＮＡも関東地方の人々より大陸の人々に近くなるのではないかと予想していたのだが、そうではなかった。わずかではあるが、むしろ関東地方のヤマト人のほうが、出雲地方のヤマト人よりも、大陸の人々に遺伝的には近かったのである〉

そして、斎藤氏は、小説『砂の器』に言及したうえでこう述べる。

〈ＤＮＡでも、出雲と東北の類似がある可能性が出てきた〉

斎藤教授は、小学一年生のときに学校で東映のアニメ映画『わんぱく王子の大蛇退治』を観に行ったのが、強く印象にのこっているという。〈わんぱく王子とはスサノオであり、大蛇とは、ヤマタノオロチだったのだ〉。これをきっかけに〈日本神話への傾倒〉がはじまったそうだ。

そして、ＤＮＡ解析のデータだ。

〈今回、現代に生きる出雲人のＤＮＡを調べた結果、彼らは国津神の子孫ではないかと思えるようになった。だとすると、天津神はどのような人々になるのだろうか？〉

ＤＮＡのデータをもっと増やそうと、二〇一四年、斎藤氏は出雲へ飛んで、祖父母とも出雲地方出身者の人たちにかぎって四五名の血液を採取した。それによっても、前回とほぼおなじ結果が得られた。

〈現代東北人はエミシの子孫であり、エミシはアイヌ人の祖先集団が東北から北海道に移ったあとひろがったと考えられる。ということは、エミシと出雲はつながっていることになるではないか〉

強制移住させられた民

出雲と東北には、東北なまりで共通性があり、DNAでも共通する要素が確認されつつある。ただ、出雲制圧のとき、ひじょうに多くの出雲族が東北へ逃れたのでは、という筆者の仮説が否定される可能性はある。古代において、出雲制圧とは無関係に、出雲と東北のあいだでまとまった人数の行き来があった場合だ。ネット検索すると、ある論文にこんな記述があった。

〈『続日本紀』七一五（霊亀元）年五月には、関東六国（相模・上総・常陸・上野・武蔵・下野）の富民1000戸が陸奥に移配されている〉

「移配」とはさりげない表現だ。じっさいには、先述のように強制移住を意味する。律令国家体制（朝廷）が、東北に暮らし朝廷に従わない人びと（蝦夷＝えみし、えぞ）を捕虜とし「俘囚（ふしゅう）」と呼んだ。彼らを、東北以外の地へ強制移住させたケースについてはすでに述べた。ぎゃくに、東北の地へそれ以外の住民を強制移住させたケースがある。右の論文にあるのは、後者のケースだ。

能登半島・羽咋市歴史民俗資料館の中野知幸学芸員に取材したとき、出雲と東北のDNAの話をすると、出雲―東北間の移配の可能性を口にしていた。そして、親切にも、後日、メールで専門的な情報を送ってくれた。その要点を記しておく。

〈ご指摘のとおり、七一五年の関東六国から陸奥への移民は、太平洋側の東北政策のひとつとしてよく知られています。日本海側でも、東北・北方支配のため出羽柵など古代城柵が整備され、越前・越後などの北陸からも移民が行われています〉

城柵とは、城や砦のことだ。

〈山陰道地域からの東北移民に関しては、七二八年に、諸国の国司らに命じて、陸奥へ柵戸が移されています。その諸国のなかに「丹後・但馬・因幡」を見ることができ、山陰地域からも移民があったことがわかります。しかし、因幡までで「出雲」はありません〉

因幡は鳥取県東部で、出雲と因幡のあいだには伯耆国があった。つまり、出雲から東北への大規模な強制移住はなかったわけだ。

今後、DNA鑑定のサンプル数をうんと増やし、出雲と東北には共通する遺伝子があり、それ以外の地方の人にはほとんどないことを裏づけるのが課題となるだろう。古代、律令国家体制によって住民の強制移住が大がかりに実行されたわけだから、DNAも複雑に混じりあっているはずだ。ない、ということを証明するのはいわゆる「悪魔の証明」で困難だが、このケースは統計学的に処理すればできるだろう。

少なすぎる出雲国の戸数

『出雲国風土記』（講談社学術文庫　一九九九年）を初めて読んだとき、人家の戸数が少なすぎるのでは、との印象を抱いた。七三三年に完成したこの文献には、総記にあたる記述が冒頭にあり、ここで出雲国の全体像が示されている。現代語で骨子をまとめると、こうなる。

〈神社は計三九九所、郡は九（郷六二、里一八一）、余戸四〉

荻原千鶴氏の訳注によると、郡は当時の地方行政区画の単位で、民戸五〇戸が一郷であり、余戸は郷を立てる際「五〇戸に余る」または「五〇戸に満たない」民戸の区画編成名という。余戸の平均をかりに五〇として計算すると、この風土記編纂期の戸数は三三〇〇前後となる。それに対して、神社の数が異様に多く、約八戸に一所もある。錦田剛志さんによると、当時の神社は神殿が建てられていたとはかぎらず、社ではなく所と数えるそうだ。

三世紀末の通称『魏志倭人伝』は、『出雲国風土記』よりざっと五〇〇年さかのぼる。そこには倭（日本）にあった各国の戸数がつぎのように書かれている。

末盧国　四〇〇〇余戸
伊都国　一〇〇〇余戸
奴国　二〇〇〇〇余戸
投馬国　五〇〇〇〇余戸
邪馬台国　七〇〇〇〇余戸

古代の人口は、傾向として、食料の増産により右肩上がりだったとされる。出雲国は、邪馬台国とほぼ同時代に国際交易都市として繁栄し、大規模な四隅突出型墳丘墓が造られるなどネットワーク型王朝の本拠地だったはずだ。それにしては、『出雲国風土記』にある戸数、推定三三〇〇戸は少なすぎるように思える。

その理由は、出雲制圧の際、ひじょうに多くの人びとが難民となって東北などへ逃れたからではないだろうか。神社の数から推定すれば、『出雲国風土記』に載る戸数は、最盛期から激減した数字と思われる。

また、考古学によって、弥生時代の後期から古墳時代前期にかけ、出雲平野に点在していた集落の多くが、急速に衰退した遺跡が発掘されている。まさに、四隅突出型墳丘墓が消滅した時期に重なる。しかし、衰退の理由は解明されていない。

出雲から大量の難民が東北へ逃れたとする筆者の仮説を、否定する情報はいまのところなく、補強するものだけだ。

第六章　オオクニヌシの怨霊と呪術

ヤマト王権と出雲の大神

平和なネットワーク型古代出雲王国の首領（ボス）だったオオクニヌシは、出雲制圧の際、おそらく自死した。そして、幽界の主となったあと、『古事記』によれば、ときに祟る神となる。なぜ、オオクニヌシは祟るようになったのか。

古代史ファンによく知られるのが、ホムチワケの次のようなエピソードだ。

第一一代垂仁（すいにん）天皇は、実在したとすれば三世紀後半から四世紀前半ごろの大王と推定されている。その御子（みこ）ホムチワケは、生まれながらにものが言えないまま大きくなった。

あるとき、空を飛ぶ大白鳥の鳴き声を聞いた御子が、何かものを言いたそうにしたので、天皇は鳥を捕るのが得意な男に白鳥を捕りに行かせた。男は針間（はりま）の国、稲羽（いなば）の国などをめぐって追いかけ、高志（こし）の国でようやく生け捕りにして、倭（やまと）（宮中）へ持って帰り、天皇に奉った。だが、御子に鳥をみせても、やはり物を言うことはできなかった。

すると、天皇の夢に出た神がこう言う。

「私の宮を天皇の宮殿と並ぶほどに修築すれば、御子は必ずきちんとした言葉を話せるようになるだろう」

天皇が、占い師にいずれの神か占わせると、その祟りは出雲の大神の御心(みこころ)とわかった。オオクニヌシが祟っているのだ。

そこで、天皇は御子ホムチワケを出雲の大神の鎮座する出雲大社へ行かせた。お参りをすませた帰り道、御子は、神の許しをもらうまで精進潔斎するため、にわか作りの宮に籠もって食事をとろうとした。そのとき、ホムチワケは意味のある言葉を初めて口にした。

「これ(にわか作りの宮)は、アシハラノシコヲ大神を祀る神主の祭の庭の設(しつら)えではないか」

アシハラノシコヲとは、オオクニヌシの別名だ。

御子のお供をしていたふたりの従者が、倭へ帰り、御子は話せるようになったと天皇に報告する。天皇は喜んで、夢のお告げのままに、出雲の大神の宮を天皇の宮殿のように作り飾らせた。また、御子のために、水鳥などを捕獲・飼育する天皇直属の鳥取部(ととりべ)などの部署を新設させた。(『古事記 人代編』を木佐抄訳)

鳥取県の名は、ここからきている。『古事記』で、「祟り」という言葉が出て来るのはこのエピソードだけとされる。ホムチワケも、その後どうなったかなどは語られない。また、天皇の子であるのに皇子ではなく御子と呼ばれている。

出雲の大神の祟りを語るためだけにホムチワケを持ち出したとも受け取れる。他のエピソードでも、オオクニヌシは、しばしば、事実上の祟り神として顕れる。とうぜんながら、大神は、何らかのものに対する怒り、怨念によって祟る。

『日本書紀』では、このエピソードが概略こうつづられている。『古事記』と名前の音が少しちがう。

垂仁天皇二三年秋、天皇は言った。

「ホムツワケは三〇歳になったが、赤ん坊のように泣いてばかりいる。声を出してものを言えないのはなぜか。みなで考えて欲しい」

冬、皇子（ホムツワケ）は、大空を飛ぶクグイ（白鳥）をみて「あれは何ものか」と言った。そばにいた天皇は、皇子が口をきけたことを知り喜んで命じた。

「誰か、あの鳥をつかまえて献上せよ」

鳥取造の祖に当たる者が、出雲まで行ってついに捕まえた。ある人は、但馬国で捕まえた、とも言う。ホムチワケはその鳥と遊び、ものが言えるようになった。これによって、捕まえた者に賞と鳥取造という姓が与えられた。

『日本書紀』の記述はこれだけだ。『古事記』で「御子」とされていたのが「皇子」と呼ばれている。それよりも注目されるのは、『日本書紀』が、出雲の大神の祟りについてまったく語っていないことだ。その理由は明らかではない。

オオクニヌシは、出雲制圧の際、天皇の宮殿とおなじように宮を「修築」してもらい住みつづけることを条件としていた。それが、つくろいなおされていないからという理由で天皇の子に祟った、と一般には解釈されている。

だが、オオクニヌシは、それだけのことで祟る器の小さな神だろうか。

出雲制圧のとき、血も流れ、多くの出雲族が難民となって苦難を味わわされた。その上、修築の約束も果たさない。そのたまりにたまった怒りが祟りとなって表れたと考えられないか。

いっぽう、ヤマト王権→律令国家体制には、出雲を威圧し屈服させたやましさがあったはずだ。そのやましさを糊塗し、宮の修築云々を祟りの理由としたのではないか。

強すぎる神威・神徳

『出雲国風土記』の秋鹿郡の条にある郡内の神社一覧に、宇智社がある。島根半島には、現在も内神社として、神殿が存続している。その祭神は、産業や畜産の男神である和可布都主命と、安産や厄除けの女神である下照姫命とされ、いずれもオオクニヌシの子神だ。その神社には、こんな趣旨の由来書が掲示されている。

〈霊亀元年（七一五年）、当宮の北側にそびえ立つ「女嵩山」の峰に、夜ごと月輪のごとく光を放つものがあり、村人たちは神の降臨にちがいないと、神垣を設けお祀りしたのが、当宮のはじまりとされている。

その後、神の神威があまりにも強すぎることを畏れた住民が、神占いにより、養老元年（七一七年）現在地に遷御し、以来、今日までこの地でお祀りされています〉

月輪のように光を放つものとはＵＦＯを思わせる。注目すべきは、祭神がオオクニヌシの御子であり、その神威が強すぎて社を峰から麓に移したという点だ。オオクニヌシ一族の祟りと考えていいのではないか。

先に述べたように、シタテルヒメは、『記・紀』に歌が載り〝日本の和歌の祖〟ともされる。だが、それだけではない。

高天原から葦原の中つ国に三番目に天下ったアメノワカヒコの妻となった。その神が高天原に復命しないため、タカミムスヒは名前のない雉（きじ）を下らせると、アメノワカヒコは弓矢で射殺し、矢は雉の胸を貫（つらぬ）き通しタカミムスヒのもとにまで届いた。そこで、タカミムスヒがその矢を取り返して投げ下ろすと、アメノワカヒコの胸に当たり死に至らせた。これは「返し矢畏むべし」の逸話として知られる。

そのことから、シタテルヒメは、夫を殺し出雲制圧までした天つ神らにはことのほか憤り、祟る女神になっていたのではないか。

わが同志の山根良夫さんは、内神社の写真を撮りに、わざわざ現地へ行ってくれた。その本殿の写真をみると、島根半島の山中にもかかわらず、想像以上に荘厳な大社造りで、いかにも霊験あらたかな感じがする。

大社造りの内神社（山根良夫氏撮影）

ずっとのちに、筆者も内神社へ参拝した。本殿の正面から後ろをふり返ると、宍道湖を眼下に望む素晴らしいロケーションにある。出雲には、こういう由緒のある神社があちこちにある。

この内神社とおなじく、神社の下の海域を通る船が転覆するなど災難がつづき、それは神威・神徳が強すぎるからだと住民が畏れ、海を望まない低い位置に社殿を移すケースは他にもある。

島根県の沖合に浮かぶ隠岐諸島の海士（あま）町に鎮座する宇受賀（うずが）命神社、和歌山県有田（ありだ）市に鎮座する須佐（すさ）神社なども、そっくりのケースだという（平野芳英・荒神谷博物館学芸顧問＝当時）。

少なくともある時代まで、あるいは現代でも、神への畏怖心が存在するのは事実だ。神威・神徳は、ほんらいなら正のエネルギーとなるはずだが、場合によっては祟りとなり、負のエネルギーとして受けとめられてきた。

オオモノヌシの祟りと大田田根子

『記・紀』に出てくる「祟り」をめぐるエピソードで、もっとも有名なのは、大物主神と大田田根子の話だろう。ここでは、『日本書紀』にもとづいて、ざっと紹介しておく。

実在ならば治世時期は三世紀後半とされる第一〇代崇神天皇のとき、国内に疫病が流行り、民の半ば以上が亡くなる大変な惨状となった。天皇は、政治が悪く神がとがめているのではないか、と占いによって原因をさぐらせた。すると、天皇の夢に大物主神とみずから名乗る神が顕れて語った。

「わが子の大田田根子に自分を祀らせたら国は平穏になり、海外の国も降伏するだろう」

そこで、大田田根子を探し出し、祭主として祀らせると、紆余曲折を経て、疫病はおさまり五穀もよく実った。

『古事記』にも、疫病についての惨状が語られ、『日本書紀』より少し詳しくオオモノヌシのことがつづられている。スクナビコナが亡くなり、オオクニヌシは「いずれの神とわれとで、よくこの国を作ればよいのか」と憂えていた。

〈するとその時、海を輝きわたらせて依り来たる神があっての。その神が仰せになることには、「わが前を、よく治め祀ったならば、われが汝とともによく国を作り成そう。もしそれができないならば、国を作り終えることは難しいぞよ」ということじゃった。

　そこで、オオクニヌシが尋ねて、

「それならば、あなた様を治め祀るさまは、いかにすればよろしいのでしょうか」と言うと、その神は、

「われを、倭の青々とした山垣の、東の方の山の上に祝い祀ればよい」と答えたのじゃった。

　それでお祀りしたのが、今も御諸山の頂に座す方よ〉（三浦佑之訳）

〈海を輝きわたらせて依り来たる神〉は、神話や古代史のファンにはよく知られ、これもUFOではないかとする声がある。この御諸山は大和の三輪山で、オオモノヌシはオオクニヌシと同一神と一般に解釈されている。麓にある大神神社の祭神で、三輪山そのものがご神体となっており、わが国でもっとも古い神社ではないかとされる。この神社を筆者も参拝したことがあり、神職に話を聞くと、現代でも出雲大社と強い絆があることがうかがえた。

『記・紀』ともに、疫病とオオモノヌシの大筋でおなじエピソードが語られる。しかし、なぜ、オオモノヌシはそれほど祟ったのか、その理由について両書で明確にはつづられていない。

　これも、出雲を拠点として広範囲に勢力を張っていた出雲族を追い詰めたことへの祟りではないだろうか。オオモノヌシは、このとき以外にも、事実上、何度か祟ったとされる。

　皇學館大学名誉教授だった田中卓氏は、オオクニヌシのルーツが畿内にあったとする（原文ママ）。

〈私論では、神武天皇を初代とするヤマト政権以前に、畿内においては、少くとも次のやうな勢力の変遷があつたことを構想する〉。その一番に、〈畿内の地主神（国神・地祇）の代表は大モノ主の神（大国主神）であつた〉（『伊勢・三輪・加茂・出雲の神々　続・田中卓著作集1』国書刊行会

二〇一一年）

また、中部大学名誉教授の大山誠一氏（日本古代政治史）も、〈オホナムチが本来は出雲の神ではなく大和の葛城地方の神であった〉（『神話と天皇』平凡社　二〇一七年）としている。

オオモノヌシ＝オオクニヌシの原像は、大和にあったと考えていいだろう。

怨霊信仰

日本の神話や古代史を考えるとき、「祟り」はひとつのキーワードとなる。中世にはそれが「怨霊」としてよく人びとの口の端にのぼり、その鎮魂や除霊のため、呪術師や陰陽師が活躍した。陰陽師・安倍晴明（九二一～一〇〇五年）は、あまりにも有名だ。

『記・紀』に「怨霊」という言葉は出てこないが、その概念はたびたび語られている。淵源は、イザナギとイザナミの夫婦神が登場する「黄泉の国」のエピソードだろう。これも、よく知られる。

二柱が日本列島の国生みを終えたあと、イザナミは次々と神を生む。そしてある出産のとき、陰部にひどいやけどを負ったことで命を落とす。イザナギは悲しみに暮れ、亡き妻を連れもどそうと、死者の世界である黄泉の国へ行く。

再会は果たしたものの、イザナミは自分の姿を見ないでくれとイザナギに約束させる。しかし、イザナギは約束を破って妻をみてしまう。それは腐敗してウジがわいた無残な姿だった。

イザナミは激怒して逃げようとするイザナギを追いかける。黄泉の国とこの世の境にある黄泉平坂まで必死に逃げてきたイザナギは、大岩で黄泉の国の入り口をふさぎ、二柱は岩をはさんで言葉を交わす。

イザナギが別れの言葉を言うと、イザナミは「ならば私は一日に一〇〇〇人の人を殺しましょう」と呪いの言葉を口にする。イザナギはそれに対し「それなら私は一日に一五〇〇人の産屋（うぶや）を建てよう」と返す。

これによって、人には寿命があり、死ぬ人、生まれる人がいることになった。

『呪術の日本史』（加門七海監修、宝島社）には、以下の記述がある。

〈「呪い」には「のろい」と「まじない」の2つの読み方がある。呪術は人を呪い苦しめるというだけではなく、人々を災厄や病気から救うものでもある〉

〈イザナギとイザナミの言葉は言霊（ことだま）による呪術の原点と言えるだろう〉

〈日本における呪術の歴史は、文字が使われる前に遡る。縄文時代を代表する土偶は人為的に破壊された跡があり、何らかの呪術に用いられた〉

〈3世紀の日本を伝える『魏志』倭人伝には、邪馬台国の女王・卑弥呼が「鬼道」を用いたと記されている。「鬼道」とは古代中国において中国の習慣にはない宗教や呪術を指す。……卑弥呼は文字文献に記録された日本最古の呪術師と言えるだろう〉

〈日本では政治のことを「まつり」というように、呪術は国を統治する最重要の要素だった。奈良時代になり、律令制が整備されると呪術は国家によって厳重に管理されるようになった〉

〈『日本書紀』では、神武天皇が南九州から奈良へと入る過程において、大和（奈良県）入りに抵抗するヤソタケルを調伏（ちょうぶく）するために、呪詛（じゅそ）を行った記述がある。天皇家は呪術の力によってヤマト王権を樹立したことが正史に記されているのだ〉

失われる能力としての霊性

怨霊を研究する山田雄司・三重大教授はこう述べる。

〈おそらくは有史以来、非業の死を遂げた人が、自身を陥れた人物に対して祟るという考え方は存在したに違いない〉（『跋扈する怨霊　祟りと鎮魂の日本史』吉川弘文館　二〇〇七年）。崇徳上皇（一一一九～六四年）は、日本史上最大の怨霊として知られる。菅原道真（八四五～九〇三年）などもそうだ。

現代人の多くは、怨念とか怨霊、それを封じる呪術など非科学的だと考えるかもしれない。だが、古代人は誰でも、多かれ少なかれ、現代では信じられないほどスピリチュアルな能力を持っていたのではないか。良くも悪くもだが。

もし精神世界を想定するなら、文明・技術の発達とともに、人類は本来そなわっていた能力を弱めてきた、と言えるように思う。

筆者は、駆け出し記者のころ信州で勤務していた。事件や事故、火事の現場へ車を走らせるとき、信号も案内標識もない里山や山間部の道を勘で運転した。そして、ほとんど百発百中だった。後年、カーナビにたよるようになってから、そういう勘はほとんど消えてしまった。出雲から能登半島へも、カーナビがなければたどり着けなかったかもしれない。

こうやって人類は能力をつぎつぎと失い、ますます科学技術に頼るようになってきたのだと感ずる。どちらが先かあとかは、鶏と卵の関係だろう。マンガに慣れ親しみ活字の本では情景が浮かびにくいという人も、ある種の能力が衰退していると言えるかもしれない。

能登の氣多大社の三井孝秀宮司も、こう言っていた。

「文字が大陸から伝わってきたことによって、人の記憶力が低下した。iPadを使うようになったら、もっと低下する」

王国の終焉後も、霊力を保つ出雲の神

先述の皇學館大学名誉教授だった田中卓氏は、こう述べている
〈古代には、人々それぞれが神を奉じて生活していた〉〈例えば、古事記などに戦争の場合、相手を平定する表現として〝荒ぶる神とまつろわぬ人等をことむけやはす〟（景行天皇の段）とあるが、〝神〟と〝人〟を平定しないと戦は勝利に終わらないのだ〉（『伊勢・三輪・加茂・出雲の神々　続・田中卓著作集1』）
ヤマト王権は、出雲を制圧し民を政治的・軍事的には平定した。だが、その民らが崇敬する神は平定できなかった。その目にはみえない領域に、王権は頭を悩ます。

出雲を恐れる律令国家体制　出雲国造神賀詞

岡山県北西部の鳥取県と境を接する真庭郡新庄村には、出雲街道新庄宿という観光スポットがある。街道の両側約三六〇メートルにわたって桜並木がつづく。その下の側溝には豊かな清水が勢いよく流れ、大きな錦鯉が泳いでいる。

そこに、こんな表示板がある。

〈**出雲街道**　古代はヤマトとイズモを結ぶ道でした。奈良時代は運脚の道であり、出雲国造の神賀

詞奏上の道でした。（以下略）〉

神賀詞の説明はない。この文章を読んでピンとくるひとは、かなりの古代史ファン、いや、古代出雲ファンだろう。

出雲国造の総勢二〇〇人ちかい一行がこの街道を行き来した時代、出雲は、かつての制圧によりヤマト王権↓律令国家体制の敵対勢力ではなくなっていた。それでも、体制側は出雲を強く意識していた。それは、オオナムチ（オオクニヌシ）が象徴する出雲の霊力、神威・神徳があったからだろう。言葉を替えれば、いにしえからの出雲ブランドが、かつての勢力圏・影響圏では、まがりなりにも保たれていた。

律令国家体制の心情を端的に示すのが、出雲国造神賀詞の奏上儀礼だった。出雲国東部の意宇で、大領として熊野大社を祀っていた出雲国造は、八世紀に入って西の杵築に移り、出雲大社の祭祀に専念するようになる。

出雲国造の就任に際しては、律令国家体制によって、厳格なしきたり、神賀詞奏上が課されていた。それは、他の国の国造には決して課さないもので、出雲が特殊な存在だったことをうかがわせる。

錦田剛志さんは、この奏上儀礼についての専門的な資料をコピーしてくれた（岡田莊司編『事典 古代の祭祀と年中行事』吉川弘文館　二〇一九年）。

一〇世紀前半の『延喜式』臨時祭の規定によれば、出雲国造は就任する際、まず朝廷に出向いて任命を受け、大刀や絹などをさずけられ、いったん出雲へ帰る。一年間の潔斎をしてふたたび都へ上り、神賀詞を奏上する。そしてまた出雲へ帰り、一年間の潔斎をしたのち、入朝して二度目の奏上をする。

奏上で出雲国造は、天皇の長寿と皇位の隆盛を寿ぎ祝い、玉六八枚、金銀装横刀一口など多数を献上する。また、オオナムチはその和魂を大和の大神神社に鎮座させ、他の出雲の神々も皇孫を守護するために大和へ鎮座させ、みずからは杵築宮(出雲大社)に鎮まったことを述べる。

この奏上について、一般的な解釈はこうだ。

〈いわば出雲の国譲りの神話を現実に表現して見せた服属儀礼ということができる〉(青木紀元『祝詞全評釈　延喜式祝詞中臣寿詞』右文書院　二〇〇〇年)

筆者には、出雲国造が、オオナムチの御霊を奉斎する出雲大社宮司として、出雲制圧の過去をあらためて受容するスピリチュアルな儀式に思える。

神賀詞は、律令国家体制側もその文言を了承したうえで述べられたはずだ。オオナムチの和魂とその子神三柱の魂を大和の宮殿の四方に位置する神奈備(カムナビ)四山に鎮め祀り、天皇家を守ることが奏上される点が注目される。律令国家体制は、出雲の神々を皇孫の守り神とするほど、その力に畏敬の念をもっていたのではないか。そのおびえは『記・紀』ににじみ出ているように思える。

この儀式も、呪術と言える。神賀詞の奏上は、『記・紀』が完成する前後の霊亀二年(七一六年)にはじめられたとされる。

出雲国造は延暦一七年(七九八年)まで大領として、いちおう政治権力を維持したとの見方がある。現代でいう自治権のようなものか。ポスト王国の出雲は、少なくとも、この八世紀末までつづいていたと考えられる。

八三三年に国造・豊持が奏上したとの記録がある。このころ出雲では飢饉が続発し、この年が最後の奏上となったと伝えられる。

そのころの時代背景について、国際日本文化研究センター所長だった小松和彦氏は、こう指摘する。

〈闇の世界を利用するようになった人々は、非業の死を迎えたことで祟りを起こすようになった怨霊や死霊、生きながらにして怨念を発揮する生き霊などを恐れるようになった。呪術に頼れば頼るほどその影は深くなり、やがて怨霊の力は遷都させるほど強大なものとなった〉（『呪術の日本史』）

呪いの底なし沼

〈八世紀半ばごろの奈良の都では、貴族や僧侶・神官たちが国家転覆を謀(はか)って時の天皇・権力者を呪詛したとする政争が、数多く発生する。……頻発する呪詛(じゆそ)事件は、桓武(かんむ)天皇による長岡京・平安京遷都という大きな歴史的展開を導き出すモメントにさえなっていく〉（『呪いと日本人』角川ソフィア文庫　二〇一四年）

〈天皇や貴族たちの世界観が行き着いた先は、呪いの底なし沼であった。すなわち、生者に対する呪いだけではなく、死者の呪い（怨霊の祟り）という、もはや生者によっては対処できない世界までも呪いの信仰を持ち込んでしまった〉（同）

第七章　二口の神剣

物部神社

島根県のうち東部が出雲地方、西部が石見地方と呼ばれる。かつては、出雲国と石見国に分かれていた。それと、日本海に浮ぶ隠岐諸島がある。

晩夏のある日、出雲平野の真ん中にあるわが家から、妻の運転する車で国道9号線を西へ走った。四五分ほどで仙山峠にいたる。ここがかつての両国の境だ。

出雲では、現代でも出雲弁をしゃべる人が少なくない。それに対し、石見のひとはあまり訛りのない言葉を話す。おなじ県民とは思えない。風土にも、みえない壁のようなものがある。ちなみに、出雲と伯耆（鳥取県西部）のあいだには、はっきりした壁は感じられず、文化的にも地続きに思える。

仙山峠を越えると平坦な土地は限られ、出雲平野とは風景がすっかり変わる。

三瓶山の麓に近い大田市川合町川合に物部神社がある。筆者は以前から、なぜこの地に、古代の有力豪族・物部氏の名を冠した神社があるのか氣になっていた。しかも、石見国一の宮とされ格式がある。

もうひとつ、情報があった。山根良夫さんが、この神社についてフェイスブックにざっとこんなことを書いていた。

〈神話由来とはいえど、神武天皇即位の神代より連綿として「鎮魂祭」がおこなわれている。この祭りは、宮中以外では当神社をふくめ三社でしかおこなわれていない。祭神は物部氏の祖神・宇摩志麻遅命(ウマシマジノミコト)で、神武天皇朝に、石見などを平定し天皇の国作りを助けた。一説では、古代出雲に対するヤマト王権の牽制政策に基づき創建されたとも言われている〉

菊の紋章

神社の駐車場に車を停め、まずは拝殿前でお参りをした。賽銭箱の横に神社のリーフレットがおいてあった。一枚もらい、堂々とした本殿の写真を撮ろうとスマホをかざしたときだった。妻が、指さして言った。

「あそこに菊の紋章があるわよ」

スマホのカメラをクローズアップにすると、本殿の棟に直角に横たわる三本の鰹木(かつおぎ)の断面が、金色に輝く菊の紋章になっている。

鰹木はたいていの神社で、本殿の屋根の上に数本横たわっている。神社の聖性を象徴するもので、一説に、魚のカツオと形が似ているのでそう呼ば

物部神社本殿鰹木の菊の紋章

れるとされる。

高い位置にあり、妻が見つけなければスルーしていただろう。彼女は古代史などほとんど知らないのに、いろんな取材に同行しているので、筆者の氣づかないことを教えてくれたりする。

出雲でもみたことのない菊の紋章が、なぜ石見の物部神社にあるのか。その日、二〇二〇年八月二五日は所用があったので、お参りと取材の下見をしただけで帰宅した。

神剣と鎮魂祭と十種神宝（トクサノカンダカラ）

物部神社のリーフレットは難字だらけで、ルビはついているものの、かなり専門的に詳しく記述されている。ゆっくり読むと、およそ次のようなことが記されていた。

〈神武（じんむ）天皇の東征のときウマシマジが忠誠を尽くしたので、天皇から神剣・韴霊剣（フツノミタマノツルギ）をたまわった。神武は、九州を発ち瀬戸内海を通って苦難の遠征をしながら、ヤマトの橿原（かしはら）神宮で即位し初代の天皇となった〉

神剣・韴霊剣とは初耳だなと思い、ネット検索した。「出雲での国譲りのときタケミカヅチが使っていたもの」という。高天原から出雲に派遣され制圧した武神の剣だ。「韴霊剣は、物部氏の神社として有名な奈良県天理市の石上（いそのかみ）神宮にあり、いまも、韴霊剣とその魂が主祭神として祀られている」とある。

ウマシマジは、神武天皇即位の際、韴霊剣と十種神宝（トクサノカンダカラ）をもちいて、天皇の魂に活力を与え健康と国の繁栄を祈った。それが鎮魂祭の起源という。これも、呪術そのものだろう。

『呪術の日本史』には、こう書かれていた。

十種神宝の画像。ウェブサイト〈いにしえの都〉から

〈石上神宮に十種神宝を祀った物部氏の「モノ」は古語では武具を表すとともに「魂」を意味する言葉であることから、物部氏は魂を司る氏族だったことがうかがえる〉

　十種神宝は、物部氏が呪術のときに使う強い霊力を宿した一〇種類の宝物で、鏡二種、剣一種、玉四種、スカーフのような比礼(ひれ)三種からなる。

　全国各地のいくつかの神社に十種神宝の絵が伝わっていて、ネット上に載っているものもある。それをみると、なんとなくルイ・ヴィトンのモノグラム・デザインに似ているように思う。この世界一のブランドは、家紋など日本文化に影響されたという説もある。日本人の約四割がルイ・ヴィトン製品をもっているとされるのはそのためか。意匠は十種神宝からもヒントを得ていて、われわれの記憶のＤＮＡをひきつけるのだろうか。

創建は出雲牽制のためか

　物部神社のリーフレットには、物部神社の社殿が、第二六代継体(けいたい)天皇六年（五一二年）に天皇の勅命によって創建されたことも記されていた。五二七年に北部九州で起きた有名な「磐井(いわい)の乱」で、継体に派遣された物部氏などが鎮圧にあたるよりまえのこととなる。

継体天皇は、先代の武烈天皇に後嗣がなかったため、「応神天皇五世の孫」であることから即位したとされる。近江（滋賀県）で生まれ越前（福井県）で育ったとされる。だが、その出自についてはさまざまな見方がある。

遺伝学の斎藤成也教授はそれについて、こう述べている。

〈継体天皇は応神天皇のゲノムの1／32しかうけついでいません。遺伝的にも社会的にもほとんどあかの他人同然です。したがって、この系図が正しかったとしても、事実上継体天皇から新しい王統がはじまったと言えるでしょう〉（『日本列島人の歴史』岩波ジュニア新書　二〇一五年）

継体天皇本人だけでなく、即位の後ろ盾をしたとされる尾張氏や物部氏などは、とつぜんの即位で、どうやって統治するか悩んだのだろう。

〈継体の即位を契機に、部制が導入されて「物部」が設置され、「連」の呼称も成立したと考えられる〉（篠川賢『物部氏　古代氏族の起源と盛衰』吉川弘文館　二〇〇九年）

〈物部は、全国各地に設置されたのであり、それを中央で統轄したのが中央伴造の物部氏（物部連）である〉（同）、〈物部の設置は、継体が前代の王権に従属していた技術集団を、物部として掌握しようとしたものであったといえる〉（同）

〈中央の物部氏の一族が地方に派遣され、その地の物部を率いて地方伴造として土着したというようなことがなかったとはいえないが、それはきわめてまれな例とみるべきだろう〉（同）

そのきわめてまれなケースが、石見の物部神社ではなかったか。

継体にとって大きな問題のひとつが神威・神徳、あるいは祟りの強い出雲の扱いだったのかもしれない。出雲を呪術によって牽制するため、かつて出雲を制圧したとき前線基地だった地に、武力と神事を司る物部氏の神社を創建することにしたのではないか。出雲制圧の際には物部氏の前身集団が加わっていたとの見方もある。

物部神社の鎮魂祭とは、制圧したオオクニヌシをはじめとする出雲の神々や出雲族の怨霊・怨念を鎮めるための呪術の側面があるのではないか。

古代、いまでは想像できないほど怨霊の祟りが恐れられていた。

宮司に聞く

後日あらためて、物部神社の中田宏記(なかだひろふみ)宮司に取材を申し込んだ。約束の時間に行くと、宮司は拝殿の内部に招いてくれた。その奥の本殿は高さが一六メートルもある日本で一番大きな春日造りの建物で、島根県内では出雲大社本殿の二四メートルに次ぐという。

筆者と妻は榊(さかき)を手渡され、宮司に言われた通り、一般的な二礼二拍手一礼で参拝した。四拍手する出雲大社とはちがう。

宮司は筆者の問いに答えて言った。

「菊の紋章は、天皇家と近い旧官幣大社などにつけることが許されています。当社の古い文献によると、もともと裏の八百山(やおやま)に陵がありそこで祭事をおこなっていたとされています」

旧官幣大社であり「宮中の武器庫」ともされる奈良県の石上神宮公式ウェブサイトには、〈境内の提灯(ちょうちん)に菊の紋章がある〉とあった。物部神社も天皇家とそれだけ近いわけだ。

誰の鎮魂をするのか中田宮司にたずねると、こう説明してくれた。

「鎮魂の祭りとは、一般的には死者の霊を弔うためですが、当神社では生きとし生けるものすべての遊離する魂をあるべきところに収める、凝り固まったものを解放する祭事です。宇摩志麻遅命さまが神武天皇即位の際におこなったもので、奈良の石上神宮では〈物部の鎮魂法〉、天香具山命さまを祀る新潟の弥彦神社では〈中臣の鎮魂法〉がおこなわれています。鎮魂祭は物部氏による最大最古の神秘の祭です。

とくに当社の鎮魂祭は、夜、小六までの女の子らが右手に矛、左手に笹を持って舞います。物部流と〈アマテラスが隠れた〉天岩戸開きの際の天鈿女命の鎮魂法をいっしょにした〈物部・猿女の鎮魂法〉で、宮中での鎮魂祭にひじょうに近いものです」

新潟県西蒲原郡弥彦村弥彦にある彌彦神社は、物部氏と同族の尾張氏が創建したとされる。尾張氏と物部氏は共に戦い、いまの中部地方から北陸、近畿などを平定し石見にまで至った、という故事が物部神社に伝わっている。

〈神道における呪術の源泉は、「霊魂」だ。神道系呪術では霊魂の力を活発化したり、転換したり、呼び戻すことで超自然的な現象を引き起こす〉(『呪術の日本史』)

アメノウズメは、岩戸のなかに隠れたアマテラスを外に出すため、天の香具山に生える笹葉をとって舞ったと言われる。ヲロチ退治などとならんで有名な天岩戸開きの神話は、日食から太陽がふたたびよみがえることの象徴、とするのが一般的な解釈だ。

それと物部の呪術があわさった神事となり、現代にまでこの石見の地でもつづいている。その事実に、少なからず感動した。

一般に、神社の由緒にはあやしげなものも少なくない。だが、継体天皇の勅命によってこの神社を創建したというのは、《カテゴリーa　史実の可能性が高いもの》ではないか。

現代、鎮魂祭は毎年一一月二四日におこなわれる。本来は、天皇の代が変わった年の大嘗祭、毎年の新嘗祭がおこなわれる旧暦一一月卯の日の翌日、寅の日だった。卯・寅の日ともかつての中国では天運が循環し万物が陽の氣を受けて躍動する日とされた。鎮魂祭の目的は、冬至を境として新たな季節を迎え、太陽と天皇の生命力の甦生をうながすためとみられている。

中田宮司はこうも語った。

「魂を、活力がおとろえる冬至の時期に鼓舞するのです」

ただ、鎮魂祭の意味・目的はほんとうにそれだけだろうか。また、宮中や奈良の都の石上神宮ならわかるが、なぜ、遠くはなれた石見で天皇や蒼生（人間）、万物の鎮魂をするのか、いまひとつわからない。

この地に物部神社がある理由について、中田宮司はこう説明した。

「宇摩志麻遅命さまは鶴に乗って来られ、八百山が奈良三山のひとつ天香具山に似ているから、この地にお鎮まりになったとされています」

この伝承は《カテゴリーc　創作されたもの》だろう。筆者がみるかぎり、八百山がとくに天香具山と似ているとは思えない。山容が似ているというのは口実で、ここが出雲に近い石見国の東端に位置するから、呪術的、武力的に出雲大社とそこに鎮まるオオクニヌシの魂の動向を監視・牽制するため定めたのではないか。

中田宮司も、とうぜん、物部神社について出雲大社監視説があることを知っていて、こう言った。

「もともとこの地域は川合という地名がのこっているように、川（静間川）が流れていて日本海に通じる交通の要衝だったと思われます」

出雲制圧のころは、水面がいまより五メートル近く高かったとされる。物部神社の地は、水路の軍事的な前線基地としてふさわしい場所だったのだろう。

四隅突出型墳丘墓（よすみとつしゅつがたふんきゅうぼ）は、石見と出雲でほぼ同時代に誕生した。そのころは政治・文化的にも壁はなかったように思える。出雲と石見のみえない壁ができたのは、ヤマトの軍勢が石見の東端を前線基地として出雲を制圧したときからではないだろうか。

その故事に発する確執が、多かれ少なかれ現代まで尾を引いているとすれば、すごいことだ。

筆者がいちばん知りたかったのは、ウマシマジがどのように出雲を平定したのかということだった。だが、宮司はきっぱりと言った。

「神社の文書では、そのことが素通りされています」

やはり、社伝にも書きのこせない凄惨なできごとがあったのだろうか。

もうひとつ、ウマシマジとタケミカヅチの関係について宮司にたずねた。それについても、文書や書物にのこっていないという。ただ、こう語った。

「もともと天つ神の一氏族である物部氏のウマシマジ様が、神武天皇が東遷し即位されるより前に帰順し、仕えて功績があったから神剣・師霊剣（フツノミタマノツルギ）をたまわりました」

石上神宮

物部神社によると、神剣・師霊剣（フツノミタマノツルギ）を主祭神ウマシマジが神武天皇からたまわったという。神社のリーフレットをみるまで、師霊（ふつのみたま）という言葉そのものを筆者は知らなかった。そもそも、そんな漢字はふつう読めない。

とはいえ、筆者には、根拠もないのに、韴霊剣が古代出雲の謎を解明するカギをにぎるという直感、確信があった。若いころ、「神がかりで取材する」と同僚記者によく言われた。

出雲の自宅に帰って、この神剣を追ってみることにした。書斎のパソコンで、大和（奈良）の石上神宮の公式ウェブサイトを開いた。主祭神として三柱が祀られているという。要点を整理して記すと、つぎのようになる。A・B・Cは筆者がつけた。

石上神宮は、武門の棟梁（とうりょう）たる物部氏の総氏神であり、古典には「石上坐布都御魂神社（いそのかみにいますふつのみたまじんじゃ）」などと記されている。中田宮司の話通り、物部氏は、神武天皇より早く大和に入り、神武が東遷を終えた際には神武に帰順して、武力と祭祀を司る有力氏族になったとされている。

A：**布都御魂大神**（フツノミタマノオオカミ） 神剣・**韴霊**に宿る御霊威を称えてこう呼ぶ。韴霊とは、『記・紀』にみえる国譲りの神話に登場するタケミカヅチがもっていたもので、その後、神武天皇が無事ヤマトに到着するのを助けた剣でもある。

神武天皇は即位後、その功績を称え、物部氏の遠祖・ウマシマジに命じて宮中に祀らせたが、第一〇代崇神天皇七年、勅命によりこの地に祀ったのが当神宮のはじめである。（木佐注：これを「神剣A」とする。国宝の七支刀などで有名な石上神宮は、もともと、ただ一口（ひとふり）の神剣を祀るために創建されたわけだ）

B：**布留御魂大神**（フルノミタマノオオカミ） 天璽十種瑞宝（アマツシルシトクサノミヅノタ

カラ）に宿る霊威を称えてこう呼ぶ。ニギハヤヒが天つ神から授けられた**十種神宝**（トクサノカンダカラ）で、それらには〝亡くなった人をも蘇（よみがえ）らす〟という力が秘められていた。後にニギハヤヒの子・ウマシマジがこの神宝を用いて、初代神武天皇、皇后の寿命が幾久しくなることを祈った。これが鎮魂祭（みたまふりのみまつり）のはじめである。その後、宮中で師霊と共に祀られていたが、崇神天皇七年、師霊とともに石上神宮に遷（うつ）された。（木佐注：これを「B：十種神宝」とする）

C：**布都斯魂大神**（フツシミタマノオオカミ）　記紀神話にみえる、スサノヲが出雲国でヲロチ退治に用いた**天十握剣**（アメノトツカノツルギ）に宿られる御霊威を称えてこう呼ぶ。（木佐注：これを「神剣C」とする）

『呪術の日本史』は、石上神宮の神剣二口（ふたふり）（本書で言うAとC）について、わざわざ次のように記している。この指摘は、のちに石上神宮の神剣の秘密を知るとき、とても深い意味を持っていることがわかる。

〈日本における神剣の特徴は、剣自体に神霊が宿っているとされる点だ。別の場所にいる神の力がその剣に宿されているのではなく、その剣自体が神であり、霊威を持っているのである。このような考え方は極めて日本的なもので、欧米などの魔法剣とは異なる。無生物を含めた万物に神霊が宿るとする日本独自の信仰から、神剣自体が神として祀られているのだ〉

石上神宮には、主祭神として、名前も音も漢字もそっくりな神剣二口が祀られている。

筆者は、ひじょうに引っかかるものを感じた。AとCは、「御」と「斯」の一字がちがうだけだ。

また、Aに比べCの説明はいやにあっさりしている。AとCはおなじ剣ではないか、とささやく声が聞こえるのだ。

まだ、根拠は何もない。AイコールC(A=C)はあくまでも大胆な仮説であり、慎重に取材を進めることにする。もし、それが事実なら……。

まだ仮説にすぎないA=Cが論証できれば、神話と古代史への見方は一変するだろう。なぜそう言えるのかは、「第八章　ヲロチ退治の秘密」でつづる。

『記・紀』に登場するトツカノツルギ

まず、Cの**天十握剣**に注目した。「天」は、〈天鳥船(アメノトリフネ)〉など高天原に属する物や神への尊敬を表す接頭語だから、ひとまずはずす。

十握剣を広辞苑で調べると、「刀身の長さが十握りほどある剣」とある。刀身とは刃の長さで、筆者が手を握ると約一〇センチメートル弱だから、刃渡り約一メートル弱の長い剣つまり大刀のことを意味するだろう。

『古事記』はおおむね変体漢文(倭文体)で、『日本書紀』はおもに中国式の漢文でつづられている。先述のように、すべての原文が研究用にデジタル化、データベース化されており、パソコンで簡単に国立国会図書館のサイトにアクセスできる。

古代では、まず音(おん)がありそれにいろいろな漢字が当てられた。「トツカノツルギ」の音をもつ言葉を検索すると、ヲロチ退治のシーン、出雲制圧(国譲り)のシーンで出てくる。もうひとつが、神武天皇を神剣が助けるシーンで、その大意はつぎのようなものだ。

神剣の登場シーン	古事記	日本書紀	石上神宮
ヲロチ退治	十拳剣	十握剣	(天)十握剣＝布都斯魂
出雲制圧（国譲り）	十掬剣	十握剣＝韴霊	韴霊＝A：布都御魂
神武天皇を助ける		韴霊	韴霊＝A：布都御魂

神剣の登場シーンとその漢字表記

〈神武天皇が女賊を倒すと毒を吐いたので、皇軍が萎えた。そこに地元・熊野の高倉下がいて、アマテラスがタケミカヅチに対し「お前が往って平らげなさいと言う夢をみた」と話す。すると、タケミカヅチは「私が行かなくても、私が国を平らげた剣を差し向けたら、国は自ら平らぎましょう」と言い、高倉下に「私の剣は名を韴霊という。いまあなたの倉の中に置こう。それを取って天孫に献上しなさい」と語った。翌朝、高倉下が目覚めると、その剣が倉に落ちていて神武天皇に差し上げた〉（宇治谷訳を参考にした木佐抄訳）

ここで神剣の登場シーンと漢字表記を整理する（上図参照）。

その『記・紀』で三種類の漢字が当てられているトツカノツルギは、いずれも固有名詞ではなく一般名詞だとする見方が、専門家のあいだではふつうのようだ。だが、こうして『記・紀』と石上神宮の公式ウェブサイトをもとに図表にした三つのシーンと神剣の呼び名（漢字表記）をみると、一般名詞だと言い切るのは〈一般名詞か固有名詞か〉の二元論的な考えであるとわかる。

たとえば、量子力学で「さまざまな可能性の重ね合わせ」という考え方をするように、そのどちらでもある、あいまいな用法とするほうが適切ではないか。

『漢和辞典オンライン』によると、韴霊（フツノミタマ）の「韴（フツ）」は、「ものを断つ音。また、音が途切れる。絶える」とある。布都はフツという音への当て字と考えられる。おなじく、C：布都斯魂大神（フツシミタマノオオカミ）の「斯（シ）」には、「きる。切りさく。切り離す」の意味がある。

つまり、「師」と「斯」は基本的におなじ意味であり、タケミカヅチが出雲をふくむ諸国の平定に帯刀していた「A：布都御魂＝師霊＝十握剣（日本書紀）」は、「C：布都斯魂＝十握剣（日本書紀）」と重なる。剣の魂の神名とその漢字の意味にかぎれば、神剣A＝神剣Cの仮説はほぼ立証されたことになる。

吉備ルートの神剣を追う

『日本書紀』（巻第一　神代上）には、ヲロチ退治の段の一書（第三）としてこうつづられている。

其素戔鳴尊斷蛇之劒、今在吉備神部許也、出雲簸之川上山是也

〈素戔鳴尊が、蛇を斬られた剣は、いま**吉備**の**神部**（神主）のところにある。尊が大蛇を斬られた地は出雲の簸の川の上流の山である〉（宇治谷訳）

筆者はこれを読んで、えっ！　と思った。スサノヲがヲロチを斬った剣が、いま吉備（岡山県と広島県東部）の神主のもとにあるという。

大和（奈良）の石上神宮のウェブサイトでは、C：布都斯魂大神（フツシミタマノオオカミ）として石上神宮に祀られているはずだった。

スサノヲ自身が奥出雲を流れる簸の川の上流から吉備まで持っていったのか、誰かに託したのか。原文にも『全現代語訳』（宇治谷訳）にもこの個所の注釈がなかった。ないのは、ここにこの一文があることの意味が、まったくわからず、解説のしようがないからではないのか。

いっぽう、『日本書紀』のこのくだりの直前にある一書（第二）では、正反対のことがつづられている。

其斷蛇劒、號曰蛇之麁正。此今在石上也
〈その大蛇を斬った剣を名づけて、蛇（おろち）の麁正（あらまさ）という。これは今、石上にある〉（木佐訳）

石上とは、大和の石上神宮のことだと思われる。それが通説のようだ。吉備の神主のもとにあることを意味するという説も一部にはあるが、それでは一書の第二と第三でまったくおなじことをつづっていることになり、不自然だ。やはり、第二と第三の意味はちがうのではないか。

本書では、わかりやすくするため、ヲロチ退治の段の一書（第三）を〈吉備説の一書（第三）〉、その直前の一書（第二）を〈大和説の一書（第二）〉と呼ぶことにする。

スサノヲが吉備で動き回りその事績があるとは、聞いたことがない。そのことを錦田剛志さんに話すと、『記・紀』より少しのちの『備後国風土記』逸文には有名な蘇民将来（そみんしょうらい）のエピソードが語られている、とアドバイスしてくれた。筆者も、それを思い出した。ざっと、こんな話だ。

昔、北の海の武塔（ムータン）の神が、南の海の娘のところへ妻問いに通ったところ、日が暮れてしまった。その地に蘇民将来という兄と巨旦（こたん）将来という弟がいて、弟は裕福だったが、神に宿を貸さなかった。兄は貧しかったのに、神を泊めて歓待した。何年も経ってからその神がふたたび兄のもとにやって来て、こう告げた。「私は速須佐雄（ハヤスサノオ）である。今後、悪い流行病があったら、蘇民将来の子孫だと言って茅（ち）の輪を腰に着けていれば、疫病を免れることができる」

はたして、まもなく、疫病でみんな死んでしまったが、その教えのとおりにした蘇民将来の娘は命を助かったという。

右のエピソードが、吉備におけるスサノヲの事跡だ。民俗では、この神は祇園牛頭（ぎおんごず）天王とも習合して、現代に至っている。茅の輪は各地の神社でもみられる。

それにしても、なぜ、『日本書紀』の一書に〈吉備の神部〉のことがさらっと書かれているのか。訳書に注釈もないとはどういうことか。

『先代旧事本紀（せんだいくじほんぎ）』は語る

物部神社の中田宮司から、筆者はこう言われていた。

「物部氏のことを詳しく知りたいなら、『先代旧事本紀（せんだいくじほんぎ）』を読んだらいいですよ」

この書は、物部氏の複数の人物が歳月をかけて編纂し八二〇年代末ごろに完成したものとみられている。つまり、『日本書紀』より一〇〇年以上のちのものだ。

かつては偽書ともされた。近年ではその内容から貴重な古代文献として、批判的に解釈しながらも再評価されている。ただ、『記・紀』と重なる記述、『記・紀』からの引用と思える個所も多い（安本美典『古代物部氏と「先代旧事本紀」の謎』勉誠出版　二〇〇三年）。

とはいえ、物部氏とその同族と言われる尾張氏について、系図もふくめ詳しくつづられている。

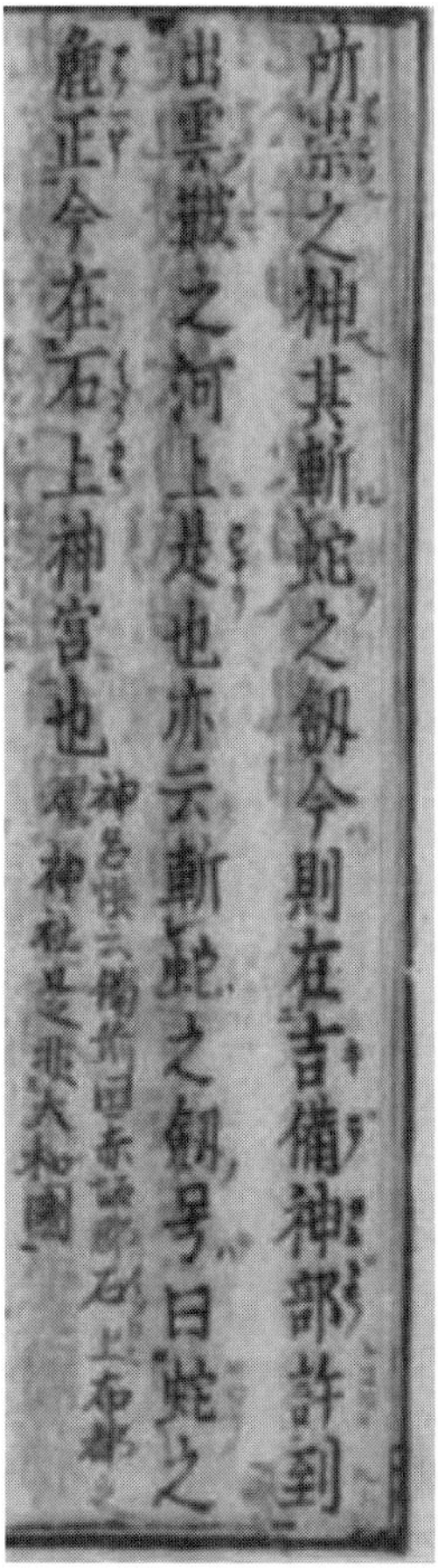

『先代旧事本紀』第四巻
コマ番号27

この書の原文は、デジタル化、データベース化されていないようだ。国立国会図書館のサイトにある毛筆でつづられた原文の全ページ画像を、筆者はパソコン画面上でめくっていった。ヲロチ退治エピソードのあとに、やはりこう書かれていた。刊行されているある書籍の現代語訳には疑問があるので、筆者なりに訳してみる（前頁図）。

〈蛇を斬った剣はいま、吉備の神部のもとにある。出雲の簸の河上で使用した剣がこれである。また、蛇を斬った剣の名は「蛇の麁正」といい、いまは石上神宮にある（原文注：神名帳にある備前国赤坂郡の石上布都魂神社であり、これは大和国ではない）〉（木佐訳）

「神部」はヤマト王権の祭祀に奉仕した神官、「麁正」は韓鋤と同じで韓から渡来した小刀という（『先代旧事本紀［現代語訳］』安本美典監修、志村裕子訳　批評社の注釈）。

『先代旧事本紀』原文のここに〈石上神宮〉とあるのは、大和の石上神宮（奈良県天理市布留町）ではなく、『先代旧事本紀』原文の注釈によって吉備の神社と思われる。神宮は神社より格式が高い。尊称の意図からあえて神宮と書いたのか。吉備は備前、備中、備後と美作に分かれていた。

筆者が現代語訳した個所は、『先代旧事本紀』の編纂者が『日本書紀』から引用し、新しい情報を補足したものだろう。ここでは、明確に、剣は吉備にあるとされている。

いったい、ヲロチを斬った剣は、『日本書紀』と『先代旧事本紀』それぞれの編纂期、どちらにあったのか。

それにしても、なぜ、物部氏の人物らが編纂したとされる『先代旧事本紀』が、〈蛇を斬った剣〉のその後について、『日本書紀』より詳しく吉備ルートに言及しているのだろう。

吉備は距離的にも出雲と近く、出雲市の四隅突出型墳丘墓では吉備の土器が多く出土し、盛んな交流があったことが判明している。

だが、出雲制圧のとき、吉備は出雲包囲網に加わったと思われる。そして、大和国の纒向遺跡では吉備の出土品がたくさん出ており、吉備は都の建設に主な勢力として参画したとみられている。ヤマト王権とのそういう関係から、ある時期、神剣が吉備にあったのではないか。

戸惑う吉備の人びと

旧備前にあるという石上布都魂神社へ、すぐにでも取材に行きたかった。だが、新型コロナ禍でかんたんには動けない。まず、この神社をネット検索すると、ウィキペディアにこうあった。

〈石上布都魂神社（いそのかみふつみたまじんじゃ）　所在地：岡山県赤磐市石上字風呂谷一四四八　現在の祭神は以下の一柱。素盞嗚尊（スサノヲノミコト）。（祭神は）明治時代までは、素盞嗚尊が八岐大蛇を斬ったときの剣である**布都御魂**と伝えられていた。明治三年（一八七〇年）の『神社明細帳』では神話の記述に従って**十握剣**と書かれている〉

ここで言う〈神話〉とは、剣名の漢字表記から『日本書紀』のことであり、その剣名の漢字は大和（奈良）の石上神宮のA：**布都御魂**＝韴霊とまったくおなじだ。それが、タケミカヅチが出雲制圧のときに携えていた剣とおなじ名で、しかも、ヲロチ退治の剣だと言う。そんな大切なことがウィキペディアにさらっと書かれている。それが事実なら、神剣A＝神剣Cとなる。また、〈明治時代までは〉というのは、何か意味があるのだろうか。

こうも記述されている。

〈歴史：上述の十握剣を祀ったのが当社の創始と伝えられる。この剣は崇神天皇の時代に大和国の石上神宮へ移されたとされており、このことは石上神宮の社伝にも記されている〉〈『延喜式神名帳』では小社〉〈明治六年（一八七三年）に郷社に列した。祭神を素盞嗚尊に変更したのはこのときと見られる〉

ようするに、ヲロチ退治の神剣を祀るため、吉備にこの神社が創建された。しかし、その剣は崇神天皇朝に大和の石上神宮へ移された。その遷移の理由は書かれていない。

そして、明治六年、郷社となったときに祭神をスサノヲに変更したらしいということだ。これは、スサノヲがもともとこの吉備の神社で祀られていたわけではないことを意味するだろう。

ウィキペディアの記事には、参考文献として『祭祀から見た古代吉備』（薬師寺慎一著）と『石上布都魂神社略記』があげられている。本はネット書店にあったので取り寄せた。

フィールドワークの郷土史家

『祭祀から見た古代吉備』は二〇〇三年に吉備人出版から刊行されていた。薬師寺慎一氏は岡山市に住み古代祭祀研究会（会員約五〇名）の会長で、長年にわたり旧吉備国を中心に山陰や四国などにも足を伸ばしフィールドワークをしてきたという。

この本によると、石上布都魂神社は、もともと当時の住所である赤磐郡吉井町石上の大松山の頂上にあった。社殿は「本宮」と呼ばれ、その背後の巨岩が磐座（いわくら）として崇められていた。磐座は、古神道において信仰の対象となっていた自然岩のことで、岩座とも書く。明治末に火災で社殿が焼失し、大正四年、山の中腹に「本殿（本社）」が建てられた。

山根良夫さんは、あるとき、コロナ禍の隙をねらって岡山県へ行き、大松山に登って本宮の写真を撮ってきてくれた。山頂の磐座の前には、一九六七年に小さな社が再建されている。磐座や本宮には、病氣平癒を祈る人たちなどが参拝していたそうだ。いまでも篤い信仰を集めていることがうかがえる。

薬師寺氏は、ヲロチを斬った剣にも言及している。

〈『日本書紀』（神代第八段の一書）に、「素戔嗚尊の蛇を断りし剣をば、号けて蛇の麁正と曰ふ。此は今、石上に在す」とあります〉

これが、〈大和説の一書（第二）〉だ。

薬師寺氏はこう述べたあと、筆者が〈吉備説の一書（第三）〉と呼ぶことにした記述〈いま吉備の石上の神主のところ〉にあるにも言及する。そして、ふたつの〈一書〉の矛盾にはふれず、つぎのように書く。ここでは、神社名に「之」が入っている。

〈「吉備の石上の神主のところ」の最有力候補は、石上布都之魂神社ということになります。なお、岩波書店刊の『日本書紀』の注も「備前国赤坂郡の式内社石上布都之魂神社かも知れない。」としています〉

石上布都魂神社本宮（山根良夫氏撮影）

神剣二口の移動ルート

ここで、暫定的に神剣二口の移動ルートを整理しておく。

＊**大和ルート**：

国譲り＝出雲制圧のタケミカヅチの剣＝神武天皇を助けた剣（十掬剣・十握剣・韴霊）→神武天皇→ウマシマジが宮中に祀る→崇神天皇朝時に大和の石上神宮へ移され神格化されるA：**布都御魂大神**

＊**吉備ルート**：

ヲロチ退治に使われたスサノヲの剣（十拳剣・十握剣）→吉備の神部（神主）＝吉備の石上布都魂神社の祭神「**布都御魂**」として祀られる→崇神天皇朝時に大和の石上神宮へ移され、後世C：**布都斯魂大神**とされる

吉備ルートの立場からみると、神剣は吉備（備前）の神社から大和の石上神宮へ移り、先に指摘したように、後世、神名の一字が「御」から「斯」に入れ替えられたことになる。

物部氏と吉備

筆者は吉備ルートをさらに追いかけ、吉備および石上布都魂神社と物部氏との関係、吉備でのスサノヲの事績の有無をさぐり、さらに、『石上布都魂神社略記』のコピーを入手しようとした。

ネットで調べているなかで、岡山市在住の郷土史家・丸谷憲二さんによる「龍蛇様（背黒海蛇）から見える出雲の神迎祭と神在月」というレポートをみつけた。興味深く読んだが、そのテーマは筆者が追う目的とはちょっとはずれる。ウェブサイトにアドレスがありメールを送った。

〈丸谷様は岡山県にお住まいのようですが、古代において物部氏と吉備とがどういうつながりがあったか、何か資料をお持ちではないでしょうか〉

石上布都魂神社についても質問した。すぐに返信メールが来た。

〈吉崎志保子さんの『ふつのみたまの劔（つるぎ）をめぐって』という論文は手元にあります。この論文が最も正確だと思います。神社の「参拝のしおり」も手元にあります。コピーして送付しましょうか。

石上布都魂神社の石上は「いしがみ」です。地元民が「いそのかみ」と読んではくれなかったのです。池田綱政の押し付けに、納得しなかったのです。

わたしは現在、「岡山歴史研究会の吉備国の語り部の会」世話人として岡山県内で講演活動をしています〉

丸谷さんはとても親切な方で、「赤磐市の布都美神社と石上布都魂神社考」（平成31年＝2019年記）という自分のレポートもウェブ上にあると教えてくれた。

そのレポートによると、岡山藩主の池田綱政公が、布都美神社という名の神社を名前が似通っていることを根拠に、石上布都魂神社と正式に決定した。それは寛永七年（一六三〇年）とされるが、江戸時代の記録は延宝二年（一六七四年）であり、どちらが正しいかわからない。

一七一七年の『備前記』には「古ハ西上村ト唱」と記録されており、もともとは西上村とされ、石上村は池田綱政公が石上布都魂神社と決定したあとの地名だ。しかも、現代でも「いしがみ」と読むという。丸谷さんのメールにあった〈池田綱政の押し付けに、（地元民が）納得しなかった〉とは、このことか。ただ、郵送してもらったその神社のモノクロのリーフレット「参拝のしおり」では「備前国一宮　式内社　石上布都魂（いそのかみふつみたま）神社」とルビがふってあった。

丸谷さんは、おなじ二〇一九年に、「石上郷（瀬戸内市長船町磯上）と日向石神社（石上神社）」というレポートも発表している。

それによると、物部氏の一族は、物部守屋（？〜五八七年）の時代の崇・廃仏闘争により滅亡したとされるが、じつは石上氏として存続した。飛鳥時代末期から奈良時代初期にかけて公卿(くぎょう)だった物部連麻呂(もののべのむらじまろ)（六四〇〜七一七年）は、天武天皇一三年（六八四年）に石上朝臣(いそのかみあそん)の姓を賜り「石上朝臣麻呂」と改名した（『先代旧事本紀』巻第五　天孫本記）。

居住地の石上郷にちなんでの改名であり、丸谷さんは、その石上郷が現在の岡山県瀬戸内市長船(おさふね)町磯上（旧備前国邑久(おく)郡）だとする。そして、平安時代中期の辞書『和名類聚抄(わみょうるいじゅしょう)』に「伊曽乃加美（いそのかみ）」という地名が載っており、長船町磯上がその比定地だという。

地図でみると、現在の石上布都魂(いそのかみふつみたま)神社からほぼ東南東の方角、直線でざっと一〇キロメートルの位置にある。

この説が正しければ、物部氏は吉備と直接つながっている。だがどうじに、〈吉備説の一書（第三）〉は、スサノヲの剣が吉備にあるとしており、物部氏とスサノヲの関係は一体どうなのかと謎が深まることにもなる。

ちなみに、石上朝臣麻呂は、壬申の乱で大友皇子（弘文天皇）の側について敗れたが、赦(ゆる)されて六七六年に遣新羅大使となって朝鮮半島にわたり翌年に帰国した。平安時代初期の『竹取物語』で、かぐや姫に求婚する五人の貴族のひとり「中納言石上麻呂足(まろたり)」のモデルとして知られている。

石上布都魂神社、スサノヲ「血洗いの滝」

丸谷さんのレポートには、参考文献として古代史探索家を名乗る平津豊さんの二〇一二年のレポート「石上布都魂神社とスサノオ」が載っていた。平津さんにもメールを送り了解をとったので、以下に引用する。

平津さんは、赤磐市の山頂にある石上布都魂神社本宮に登った。〈神聖な霊気を感じるまさにパワースポットという場所であった〉

平津さんは、石上布都魂神社の物部忠三郎宮司にも一時間ほどインタビューしている。宮司は物部姓だが、池田綱政公が野村姓から改姓させたといい、物部氏の血をひいてはいない。

〈宮司によると、崇神天皇の御代に疫病が流行り、霊剣が備前の石上布都魂神社に在ることを知った天皇が、霊剣を大和に移されて、疫病をしずめたということであった〉

かりにこれが史実なら、神剣・布都御魂の遷移の理由を物語る貴重な証言となる。

『日本書紀』によれば、崇神天皇五年、疫病が大流行し民の半分以上が亡くなるほど災厄がつづいた。七年、天皇が八十万(やそよろず)の神々を招いて占いをさせると、ある姫が神がかりして〈もし吾(われ)をよく敬い祀れば、きっと自然に平らぐだろう〉と言った。その吾とは誰かと天皇が訪ねると、オオモノヌシと答えた。その後、君臣三人の夢におなじ神が現れ〈もしわが子・大田田根子(オオタタネコ)に吾を祀らせたら、たちどころに平らぐだろう〉と語った（宇治谷訳を参考に木佐訳）。

そこで、大田田根子を探し出して鎮めさせた。

このときに、神剣を吉備から大和へ移したというのが、物部忠三郎宮司（当時）の証言だ。

また、平津レポートによると、吉備の地にはスサノヲの「血洗いの滝」と呼ばれる名所があるという。

〈駐車場の看板には次のように書いてある。「……須佐之男命尊が出雲で大蛇を退治したあと、剣の血をこの滝で洗ったという伝説からこの滝の名前がつけられたと伝えられています。出雲の千家(せんげ)

尊愛（たかあき）が此の瀧を賞詠してから一層有名になりました　環境省・岡山県」〉

千家尊愛は、出雲大社教の第二代管長だった。出雲大社の千家宮司家には、宮司とは別に管長がいる。全国各地にある「出雲講（いずもこう）」「甲子講（きのえねこう）」など信仰組織を結集統合したものが、出雲大社教の起源であり、管長はそのトップに立つ。それにしても、環境省と岡山県が、わざわざこんな看板を掲げているわけだ。

平津さんは、こう推測をつづっている。

〈渡来人が良質の砂鉄から剣を、そして良質の土から焼き物を作っていたこの地域に、スサノオのヤマタノオロチ退治物語（原文ママ）がぴったり当てはまったので、その後日談を作って自分たちの土地に定着させたということではないだろうか、それとも十拳剣が、この地で作られたものであったかもしれない。

いずれにしても、備前の地に渡来系の製鉄集団が住み着いて、高度な文化圏を築いていたことは、間違いない〉

やはり、「血洗いの滝」はあとづけの名所だと思われる。ヲロチ退治が何かを象徴するものではあっても、《カテゴリーa　史実の可能性が高いもの》と考える識者は、まさかいないだろう。だが、史実かそうでないかを意識しないで論述しているケースは、まれにみられる。

島根県雲南（うんなん）市の斐伊川上流には、ヲロチが棲息していたと伝わる「天が淵（あまがふち）」がある。ヲロチが『記・紀』の描くように巨大なモンスターなら、行水することもできない小さな淵だ。ヲロチ退治伝説が広められたずっとあと、ここがそれと定められたのだろう。

たとえばこのように、神話にある事跡を後世になって遺跡のように創作する行為一般を、専門家は「神蹟造り」と呼ぶ。

誰かが神話を創作し、それを受けて神蹟が作られる。その神蹟によって神話が定着し、ときには、その神話が、人生の指針や社会の規範を形成する。それが、神話によるマインド・コントロール、刷り込みだ。

『旧約聖書』レヴィ記には、ひと言〈男色を行うな〉とあり、ユダヤ教やキリスト教の文化圏では同性愛が絶対的なタブーとされてきた。その反動からか、同性愛者が多い社会となったとする説がある。近年、欧米でLGBTQに配慮する機運が高まったのは、必然であり、聖書が示す強直した価値観への反発とも言える。

その点、神道は、経典も明確な教義もなく融通無碍だ。それでも、やはり日本人の潜在意識レベルで、神道は規範となり精神的な拠り所ともなっている。それは、『記・紀』が創った日本神話の影響でもある。

がっかりの社記、そして鉄と物部

丸谷さんが郵送してくれた、吉崎志保子氏の「ふつのみたまの劒をめぐつて」と題するレポートを読んだ。昭和四八年、郷土研究誌『おかやま同郷』に書いたもので、全四回の連載だった（引用では、難読漢字を一部ひらがなに変えるなど現代表記にした）。

吉崎氏も、平津さんよりずっと前の時点で、石上布都魂神社の物部忠三郎宮司にインタビューしている。吉備の郷土史家らの行動力、取材力には感心させられる。

宮司は、大正年間に大和の石上神宮から当社との関係について問い合わせがあった、と語ったという。大和ルートと吉備ルートには、やはり接点があったことになる。

　筆者が求めていた石上布都魂神社の社記のコピーも、吉崎氏は入手している。岡山市図書館にある『備前記』に、その全文の写しが載っていたそうだ。『備前記』は、延宝元年（一六七三年）に社記が書かれてから三〇年余りたった元禄一七年の完成という。

　だが、〈読んでみてがっかりした〉と吉崎氏はつづる。〈相当の長文のほとんどが、日本書紀にのっとって書かれたと思われるもの〉だったからだ。

　吉崎氏は鉄についても言及している。

〈布都魂神社のある備前の山地は、古代鉄産地として屈指のところであり、古くこの地に鉄冶金にたずさわる人びとが移り来て、さかんに鉄器の生産が行われたという。もちろん、鉄剣製作も行われ、山つづきの月の輪古墳からは多くの鉄剣が出土している。……その他この赤磐(あかいわ)郡は考古学上の遺跡も多く、古墳時代のころ、鉄をひとつの背景とした文化圏のあったこと、学者の指摘するところである〉

　ヲロチを斬ったとされる鉄剣が吉備で製作された可能性を言いたかったのだろうか。さらに吉崎氏は、物部氏にもふれる。

〈和名抄によると、備前磐梨(いわなし)郡に物部郷があったという。……また、『続日本紀』神護景雲三年（七六九年）条に備前御野(みの)郡の人、物部麻呂に石上別姓をたまわったことがみえている。この辺りに物部の人たちがじじつ生活していたのである〉

　和名抄とは『和名類聚抄(わみょうるいじゅしょう)』の略称だ。

　吉崎氏は丸山さんとおなじく、吉備における物部氏の足跡について言及している。だが、それが何を意味するかについては探っていない。

郷土誌表紙の和歌

吉備ルートをもう少し追う。岡山県立図書館にある『改修　赤磐(あかいわ)郡誌　全』に、フツノミタマノ剣のことが載っているとネット上で知った。

その郷土誌を入手しようと、わが家最寄りの平田図書館で取り寄せられるかどうかたずねた。中国地方五県の図書館は協定を結んでおり、送料は発送図書館側の負担で郵送してもらえるという。返送料は平田図書館がもつシステムという。図書館をよく利用する筆者の息子も知らない裏技だった。中国五県以外の図書館のものだと、送料全額自己負担でやはり取り寄せられるという。筆者のような者にとって、これはとても助かるサービスだ。わざわざ遠方の図書館へ出向く必要がない。

とどいた『改修　赤磐郡誌　全』は厚さ七センチ、一三〇〇ページ超もある重厚な郷土誌だった。濃紺の布表紙に和歌が金字でつづられている。達筆でその判読はむずかしかった。初版は昭和一五年で「皇紀二千六百年記念出版」と奥付にある。以下、現代表記にする。

第二章の第一節は「布都魂神社」とあり、この社にスサノヲを祀っていることが書かれ、社殿が小さかったため別の場所に「再造」したとある。

第二節は「剣工遺跡」とあり、〈まず注目すべきは〉として、近くに鍛冶久という地名があり、備前古剣工の遺跡地にのこされた地名であるとしている。やはり、この地で鉄剣が製造されていたことを裏づけるものだろうか。

第四節は「素尊の伝説について」とあり、スサノヲ伝説の項だ。最初にヲロチ退治の概略を述べ、つぎのように記す。
〈大蛇について諸説あるが、ようするに、理想の自覚なく、無信仰の人びとの集まり、しかも八岐大蛇というから、ひじょうにたくさんの酋長がいて、それがある権力すなわち剣（荒魂）を中心としての一大団結であろう〉

やや意味不明ながら、あえて解釈すればこういうことか。

天つ神を信仰しないたくさんの長（おさ）たちがいて、それらの者が剣（草薙剣のことか）を中心としてまとまっていた。これが八岐大蛇のことであり、スサノヲはそれを退治した。

つまり、スサノヲは、出雲の長たちを平らげた。それがヲロチ退治の真実である、という意味だろう。この指摘は、あとで述べるように、あながち的外れではないと思う。

また、筆者は以下の記述に、なるほど、と注目した。原文はやや難解だが、わかりやすく核心部分をまとめるとこうなるか（丸かっこ内の注釈も原文にある）。
〈大和国官幣大社の石上神宮は、布都御魂大神を主神とし、布留御魂大神ほか四神を配祀してある。同社縁起によると、……韴霊剣を宮中に納め斎（いつ）き祀らせられたものを、崇神天皇の御世（みよ）にこの地に遷（うつ）し祀られたのがはじめで、仁徳天皇の御世（日本書紀には崇神天皇の御代とある）、備前国赤坂郡石上の宮より、遷し祀られた霊剣・天十握剣（天羽々斬剣・蛇之麁正（あらまさ）ともいう）を布都御魂大神と申し奉ると書いているが、記事きわめて不明瞭である〉

これを筆者なりに解釈するとこうなる。

大和の石上神宮の縁起では、布都御魂大神＝韴霊剣（神剣A）を主祭神としているのに、備前から移した十握剣（神剣C）も布都御魂大神とお呼びするとしているが、その記述の内容は〈きわめて不明瞭〉で意味がわからない。

石上神宮は五柱を主祭神としていたが、現在、公式ウェブサイトに載せている三主祭神をもう一度あげておく。

A：**布都御魂大神**（フツノミタマノオオカミ）韴霊剣

B：**布留御魂大神**（フルノミタマノオオカミ）十種神宝（八握剣をふくむ）

C：**布都斯魂大神**（フツシミタマノオオカミ）韴霊剣（？）

この『改修　赤磐郡誌　全』は問題の本質を突いていると筆者は思う。石上神宮には大和ルートと吉備ルートのあいだで移動した二口（ふり）の神剣があり、それを重ねて同名の主祭神としているのは意味がわからないと鋭く指摘している点だ。

ウェブサイトでは、神剣Aは「御」、神剣Cは「斯」と一字ちがうが、昭和一五年当時はおなじだったのだろうか。

先述のように、ウィキペディアにはこうあった。

〈石上布都魂神社　現在の祭神は以下の一柱。素戔嗚尊（スサノヲノミコト）。（祭神は）明治時代までは、素戔嗚尊が八岐大蛇を斬ったときの剣である**布都御魂**と伝えられていた〉

『改修　赤磐郡誌　全』の記述は、明治時代まで、大和と吉備の神剣がいずれも「布都御魂」とされていたことを指摘しているのだろう。明治以降のあるとき、「御」が「斯」に変えられたのか。

この重厚な郷土誌の表紙の次ページには〈解題〉という欄がある。それによると、表紙にある金字の和歌はこう読むのだという。

平賀元善の書　布都魂神社をよめる歌

石上の神宮を　元善

神世よりやまとと吉備に鎮まらす
布都の御魂の神の尊さ

その真意はこうだろう。

神世から大和と吉備に鎮まっていた布都の御霊の剣は、いずれも尊いことである（それにしても、なぜ、布都の御霊の剣が二口あるのか）

この郷土誌が編纂された昭和一五年は皇紀二六〇〇年に当たり、天皇を現人神とあおぐ国家神道の時代だった。宮中の武器庫ともされた石上神宮になぜまったく同名の剣が二口あるとされるかを追究すれば、古代の天皇家にかかわるかもしれない。〈記事きわめて不明瞭〉ではあるがタブーであり深追いしてはならない、というやるせない氣持ちがこの一首に込められている。筆者にはそう思えてならない。

表紙のこの和歌は、そのタブーにふれた戸惑いをうたったものだろう。吉備ルートを追う筆者のヴァーチャル旅は、いったん、ここまでとする。

平賀元善の書　布都魂神社をよめる歌

大和ルート　破天荒な大宮司　禁足地を掘る

スサノヲがスター神であり、織田信長がスター武将であるのは、誰もなしえなかったことを敢行するその破天荒ぶりに負うところが大きいだろう。神剣の謎を追う筆者の旅でも、かなり破天荒な人物に出会うことになり、話が一氣に盛り上がる。こういう傑物がいるから歴史は面白い。

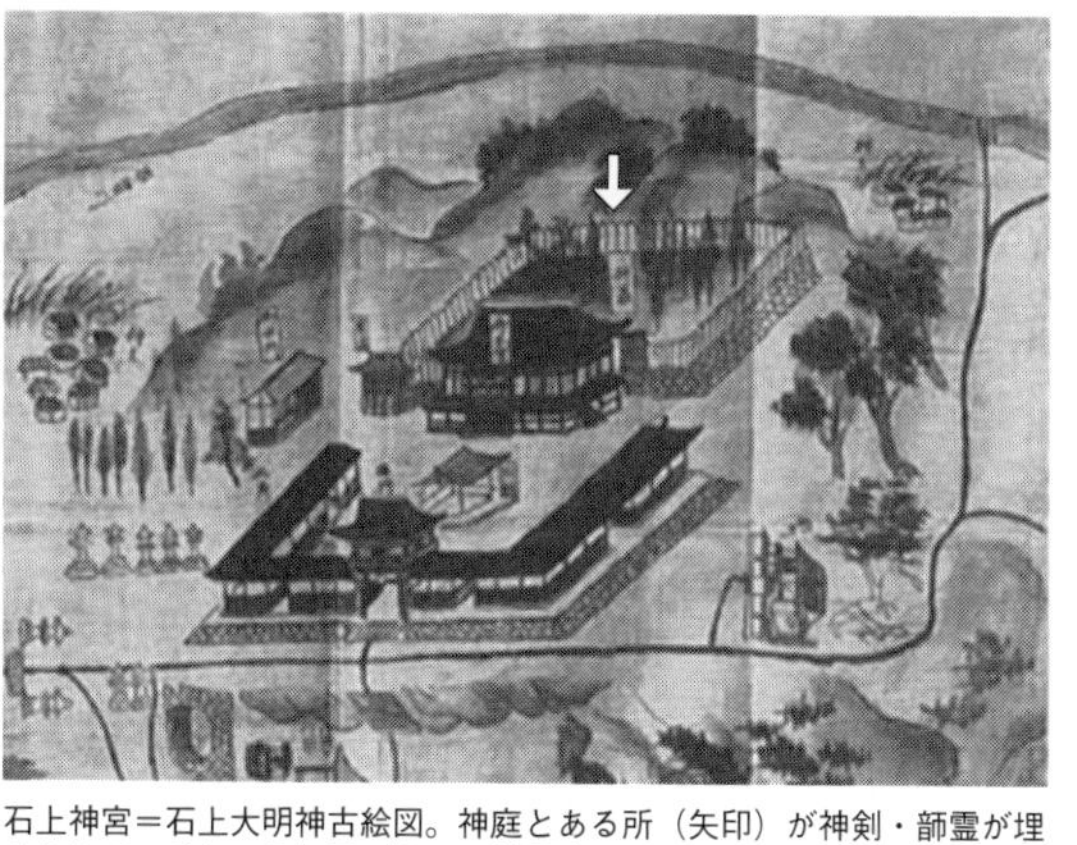

石上神宮＝石上大明神古絵図。神庭とある所（矢印）が神剣・韴霊が埋められているという伝承があった禁足地

神道考古学者・大場磐雄（いわお）氏は『まつり　考古学から探る日本古代の祭』という著作をのこしている（学生社一九六七年）。大場氏は学生時代に折口信夫の薫陶を受けたという。

この本の存在を、先の吉崎志保子レポートで知った。すでに絶版だったが、一九九六年に新装版が刊行されており購入できた。そこに詳しく記されているのが、国学者で明治六年に石上神宮の大宮司に任命された**菅政友**（かんまさとも）の蛮勇だ。以下、概略をつづる。

石上神宮には「神籬（ひもろぎ）」と呼ばれる禁足地があり、そこに神剣・韴霊が埋められているという伝承があった。〈この剣は久しく宮中で大切にしまわれてきたが、崇神天皇のときに、現在の石上邑（むら）に神宮を建てて移され〉た。それが石上神宮のはじまりとされている。

〈古い由緒のある石上神宮であるが、なかでもいっそう神秘を加えているのは今も本殿と拝殿との間に御本体である韴霊（ふつみたま）の神剣を埋納した禁足地が空地のままになっていることである〉

大場氏はこう書いたあと、驚くべき事実を述べる。

菅政友は大宮司になって翌明治七年、何と〈この禁足地をあばいて、古来の神秘を明白にし、御正体を正しく奉安すべき〉（大場氏）と学術的発掘を教部省（きょうぶしょう）に願い出たのだ。

教部省は、明治初期の太政官制度のもと、宗教統制による国民教化の目的で設置された中央官庁組織だった。その許可願い書の一部を現代語にすると、こう書かれている。

〈当社拝殿後ろの禁足地の真ん中に高さ二尺あまりの盛り土をしたところがあり、**韴霊神剣**の祟りがあるため（祟リ有ルニ付キ）石櫃（せきひつ）に納め鎮安している〉（木佐訳）

大場氏は述べる。

〈（禁足地をあばく菅大宮司の行為は）学者としての正しい一面をしめしているが、当時の神道界にあっては、このような行動はおそらく破天荒の暴挙といってさしつかえあるまい〉

文字通り神をも恐れぬ発掘は、なぜか、わずか一週間で許可が下りた。

各地の天皇陵などの発掘を、現代でも宮内庁は決して許可しない。たとえば、奈良県桜井市にある纏向（まきむく）遺跡の中核をなす箸墓（はしはか）古墳を徹底して学術調査すれば、卑弥呼の墓と確認され、邪馬台国の所在地論争に決着がつくかもしれない。

それと比べ、明治初年の教部省はたいへんな英断をしたものだ。明治維新からまもない混乱・混迷期だからこそか。大場氏は、〈破天荒の暴挙〉としながらも考古学の〈発掘史上にのせる価値が十分にあると信ずる〉とする。神道界にとっては驚天動地のことだっただろう。

禁足地がいつからあったのかは不明だったそうだ。大場氏は、神宮に伝わる『神剣出現記』と『禁足地発掘用録』をもとに、そのときの状況を詳述している。

高さ八〇センチメートルの盛り土を取りのぞくと、翡翠の勾玉一一個や管玉二五九個とともに、剣が一口出てきた。折れてはいなかった。ほかに刀剣はなく、菅大宮司の届け出記録では〈この剣こそ師霊である〉とし、ほかの出土品とともに洗浄して神座へ納置した。

〈神剣は、今、本社の御霊代として本殿内深く安置され、なかなか、私たちの眼にふれることはできない〉。

錦田剛志さんによると、神座は祭神の神体を奉安するところで、ほとんどの場合、本殿の奥深くにある。

大場氏は著書で銅剣とも鉄剣とも明記していない。しかし、発掘翌年に〈刀匠 月山が鉄で模して作ったもの二口が神社宝物として保存されている〉としており、鉄剣が出土したのはまちがいない。大場氏の著書には「神剣模写図」が掲載されている。石櫃に入れられていたため、形をのこしていたのだと思われる。

神剣のおおよその形態や特徴として、大場氏は〈全体の形は身が内反りで柄頭が素環頭〔大場氏の注：刃の柄頭で、かざりのないもの〕、全長二尺九寸強くらい〉とする。模写図では〈長さ二尺八寸〉となっており、素環頭部分を入れた長さを大場氏は書いたのか。いずれにせよ、曲尺だとして約八五～八八センチメートルとなる。先述した『先代旧事本紀〔現代語訳〕』の注釈によると、伝スサノヲの「麁正」について〈韓から渡来した小刀〉とあった。それとおなじような剣だった。

また、模写図をよくみると、刃こぼれの跡のような凹みがある。

大場氏はこう記述する。

〈もし本刀が菅政友のいうとおり、韴霊神剣であるとするなら、さらに興味はましてくるが、もちろんその確証はない〉

そして、『まつり』には、こうあった。

〈崇神天皇のときに、現在の石上邑に神宮を建てて移され、それ以来、武人の代表者であった物部氏の氏神のようにまつられてきた神社である〉

この記述から、石上神宮は、崇神朝に韴霊剣を祀るため創建された。つまり主祭神である韴霊剣は本殿（神坐）に祀られていたが、あるときに禁足地に埋められた、と筆者は思い込んでいた。

ところが、錦田剛志さんは「それは誤解です」と現役の宮司ならではの資料をコピーしてくれた。さすが〝蛇の道は蛇〟、とても重要な情報だ。

祭神・布都御魂大神について、その資料にはこう記されている。

〈崇神天皇七年、物部の伊香色雄命が勅により現地の石上布留の高庭に鎮め奉り、石上大神と称えまつったのが創祀と伝える。……明治七年（一八七四）禁足地より素鐶頭太刀〔原文ママ〕が発見され、これを伝承された布都御魂として本殿を再建して祭ることになった〉（神社検定公式テキスト③『神社のいろは　続』企画：日本文化興隆財団　扶桑社　二〇一三年）

高庭とあるのが禁足地だろう。神剣は発掘されるまで、神宮本殿の神坐に祀られたことは一度もなかったのだ。

とても異例のすごい話だと思う。石上神宮の存在理由であるはずの神体・韴霊剣（布都御魂大神）は、石櫃に収めて土中に埋められたまま、おそらくは一五〇〇年以上というきわめて長い期間、神事・祭事がおこなわれていたのだ。それだけ、この神剣の霊力・祟りが強いと信じられていたのだろう。

大場氏の『まつり』は〈もし本刀が菅政友のいうとおり、韴霊神剣であるとするなら、さらに興味はましてくるが、もちろんその確証はない〉との記述につづけて、もうひとつのポイントについて書いてある。

〈『古語拾遺』には素戔嗚尊が大蛇を斬った剣を天十握剣とよび、その註に本剣は一名を天羽々斬といって、今石上神宮にあると書いてあるので、この点からいえば天十握剣に相当することにもなる〉

たしかに、『古語拾遺』を筆者がいま読むと、その「註」にはスサノヲがヲロチを斬った神剣は〈い

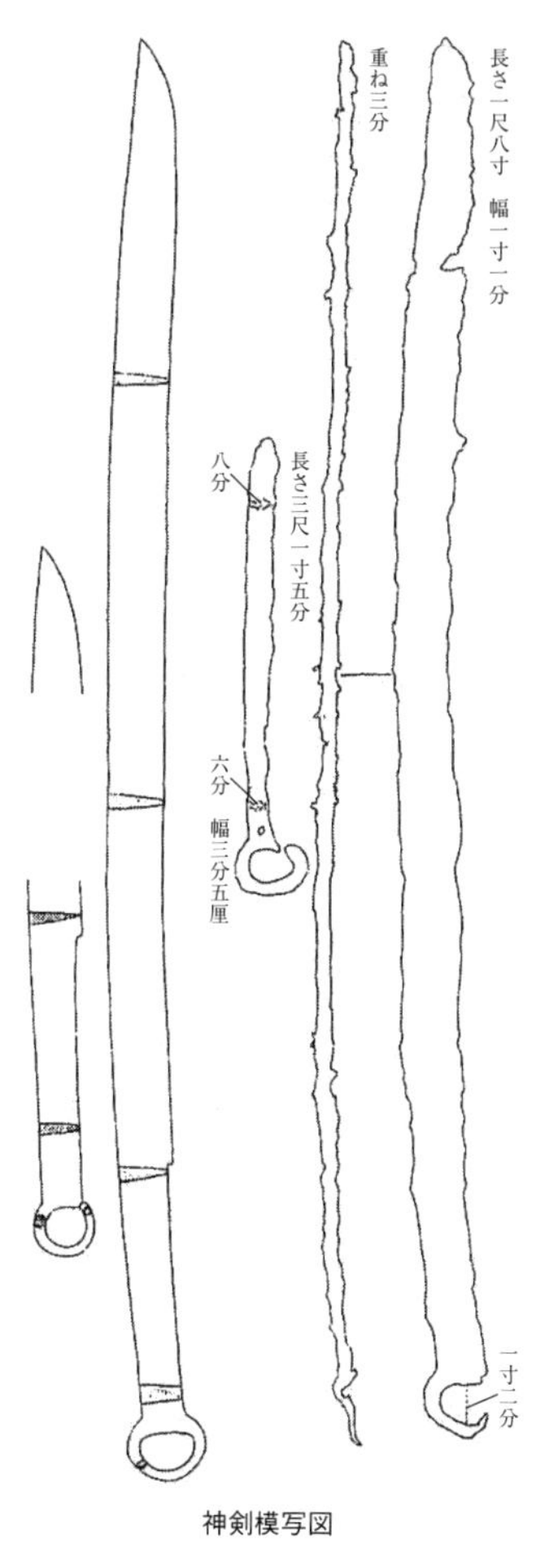

神剣模写図

ま石上神宮にある〉と記述されている。（原文：其名　天羽羽斬　今　在石上神宮）。ここで言う石上神宮とは、明らかに大和のほうだ。

仮に、〈吉備説の一書（第三）〉を信頼し、神剣Cが吉備から大和へ移されたとすれば、『日本書紀』成立の七二〇年から『古語拾遺』成立の八〇七年のあいだとなる。だが、その期間に、吉備から奈良へ神剣が移されるようなできごとは、調べてもみつからなかった。

〈いま吉備にある〉という一書はおそらく虚偽であり、『日本書紀』編纂期、神剣は大和にあったのだろう。なぜ、『日本書紀』は嘘を書いたのだろう。ヲロチ退治にリアリティーをもたせるねらいからなのか。

それは、『先代旧事本紀』の記述も虚偽であることを意味する。『古語拾遺』は、『日本書紀』にある〈吉備説の一書（第三）〉と〈大和説の一書（第二）〉の矛盾をなくす意図を秘めていたのではないだろうか。

大場磐雄氏は、意図的だろうが、『まつり』のなかで、きわめて重大なことをさらっと書き残している。もし、禁足地から出土した剣が韴霊であれば、それはスサノヲがヲロチを斬った天十握剣にも相当する、と。

神剣A＝神剣Cということだ。だが、なぜそう言えるのか、大場氏は根拠を明示してはいない。大場氏は、むろん、奈良の石上神宮にあるとする〈大和説の一書（第二）〉を知っていたはずで、あえて理由は書かなかったのではないか。

『まつり』を読むかぎり、神剣発掘に当たって菅大宮司はヲロチ退治の剣については、何も語った様子はない。高庭から発掘された剣は一口（ふり）だけだった。だが、石上神宮にはヲロチ退治の剣もあるとされている。だから、大場氏は、出土した剣がヲロチを斬った剣にも相当すると書き添えたのではないか。

ちなみに、大場氏は著書で、〈吉備説の一書（第三）〉や吉備（備前）の石上布都魂神社についてはまったくふれていない。

古代出雲の謎を追う同志たち、山根良夫さん、錦田剛志さん、筆者と妻が出雲某所に集まり宴をひらいたとき、禁足地から出てきた剣の話になった。錦田さんは、大学の史学科で大場氏の『まつり』について学んだという。

「神道は教義や教祖が存在するわけではなく融通無碍だから、学生たちは、そんなこともあったのか、と特に話題にもしなかったですね」

山根さんは、こう言った。「神道考古学という言葉は知らなかったが、面白そう」。

たしかに、出雲の地でも、神道考古学の手法を使って誰かにもっと研究してもらいたい。

岡山市の丸谷さんが郵送してくれた吉崎志保子レポートには、つぎのようなことも書かれている。吉備の石上布都魂神社をおとずれ物部宮司に聞き取りをして、同社には東京・青山の福島保三郎という人物によってある剣が寄進され、神体として祀られていることを聞き出し、その写真もみた。剣に添えられた寄進状には、現代表記にするとこうあったそうだ。

〈明治七年、大和国の石上布留神宮（木佐注：石上神宮の別名）の神剣を摸し奉って大阪の月山貞一が鍛えたものである〉

吉崎氏は、大場氏の著書を読んでいたから、それが〈禁足地発掘の際、刀匠月山に作らせた影造りの剣二口のうちの一口ではないか〉とすぐにわかった。〈はからずも韴霊模造剣の写真にめぐり

あい、寄進状を読ませていただき心ふるえる思いであった〉

吉崎氏は、こうも書いている。

〈この師霊剣は、素戔嗚尊が八岐の大蛇を断った十握の剣とも、また、神武東征の折、高天原から地上に降ろされた平国の剣とも言われており、発掘以後は御霊代として、本殿の奥深く泰安されているという〉

大場氏と吉崎氏の表現は、いずれもあっさりしているものの、神剣の謎の核心A＝Cにふれている。だが、それ以上は踏み込まなかった。

神剣も神も祟る

大場著『まつり』によると、元禄一二年（一六九九年）の『石上大明神縁起』にこうある。

社氏ノ説ニ神剣師霊祟アルニヨッテ石櫃（せきひつ）ニ安置シ此処ニ斎埋ス

祟りがあるため石櫃に安置し土中に埋めていたという。誰の何ゆえの祟りなのか。大場氏はそれについてふれていない。

こうした祟りの例は、『日本書紀』のほかのところにもつづられている。崇神天皇六年、疫病が発生した翌年に宮中ではつぎのようなことをした。

〈天照大神（アマテラスオオミカミ）・倭大国魂（ヤマトノオオクニタマ）の二神を、天皇の御殿の内にお祀りした。ところが、その神の勢いを（天皇が）畏れ、共に住むには不安があった〉（木佐訳）。

そこで、大和に堅固な石の神籬（ひもろぎ）（神の降臨される場所）を造ってアマテラスを祀り、オオクニタマもあるところに移して祀った。

神の勢いとは神威のことで、〈共に住むには不安がある〉とは祟りのことだろう。師霊ならそのもとの持ち主タケミカヅチによる祟りであり、天十握剣・天羽々斬ならスサノヲによる祟りとも思える。だが、いずれも祟る理由はないはずだ。

筆者は、アマテラスを移したとする神籬（ひもろぎ）が、少し氣になる。奈良の石上神宮でも、祟りがあるため石櫃に安置し土中に埋めていたところを神籬と呼んでいた。

古代には、特定の神であれ神剣であれ、それだけ神威や祟りが強く、室内では奉斎できないケースがあったのだ。

大場氏は『まつり』で、〈暴挙〉とも呼ぶ発掘の状況を詳しく述べながら、〈祟り〉については考察していない。

そして、石上神宮の禁足地について、大場氏はこう結んでいる。

〈時期的には四世紀後半の、石上神宮御鎮座と密接な関連をもつ特異な祭祀遺跡の一（ひとつ）とすべきであろう〉

菅大宮司の英断を、大場氏は〈暴挙〉とした。当時の時代感覚ではそうだったかもしれない。でも、筆者にとって菅大宮司は、古代史の真実探究のヒーローであり、その英断は壮挙だと思う。

第八章　ヲロチ退治の秘密

岡山遠征の貴重な土産

山根良夫さんが、コロナ禍を縫って、出雲から岡山県へ遠征したことは先に書いた。彼は、大松山の山頂にある石上布都魂神社（いそのかみふつみたま）の本宮だけでなく、中腹にある本殿にも参拝した。物部明徳（あきのり）・現宮司の夫人に話を聞き、〈石上布都魂神社御由緒〉の書かれたカラーのリーフレットをもらってきてくれた。岡山市の丸谷さんが郵送してくれたモノクロの資料とはちがうものだ。

それを読むと、大和の石上神宮の御由緒記に、神剣について〈もと備前国赤坂宮にありしが……〉と記されているという。『先代旧事本紀（せんだいくじほんぎ）』の本文注に〈備前国赤坂郡の石上布都魂神社〉とあるなど、赤坂宮というのは、備前の石上布都魂神社を指すだろう。これによって、神剣が吉備から大和に移された事実を、大和の石上神宮でも認めていることがあらためて確認できた。

また、リーフレットには、〈石上布都魂神社御由緒〉につづいて〈神剣〉という項がある。〈明治7年（1874年）石上神宮では古記録に基づき、神剣発掘を行ったところ、真っ赤に錆びた剣が出土した。これこそ素戔嗚尊の大蛇退治の大蛇の麁正（あらまさ）の剣であるとし、大正年

間に記録によって刀工月山貞一が三振り複製、その一振りがゆかりのある吉備の当社に奉納された〈原文ママ〉〉

大和側の情報では、発掘された剣を複製したのは明治八年となっており、しかも、二口だった。右の記述は、大正時代に刀工・月山の孫弟子か誰かが新たに複製を作ったことを意味するのか。それはともかく、ここには重要な情報がある。

吉備の石上布都魂神社の神職が大和の石上神宮の由緒記を読み、その上で〈石上布都魂神社御由緒〉は書かれていることがうかがえる。

石上神宮の禁足地から発掘された剣を、菅大宮司は、〈この剣こそタケミカヅチの師霊である〉つまり神剣Aとして届け出た。だが、吉備では、その剣こそスサノヲのヲロチ退治の剣（神剣C）だ、と現代まで一貫して主張しているわけだ。

この相矛盾する主張こそ、石上神宮にいま祀られている神剣は一口であり、A＝Cである事実を補強する。

軽快なフットワークで岡山県まで行き、このリーフレットを入手した山根さんのお手柄だった。

筆者は、後日、物部昭徳宮司に電話で直接話を聞いた。それによると、奈良・石上神宮のかつての由緒記には、神剣が（備前の）赤坂宮から移されたことが記されていたが、なぜか改訂された由

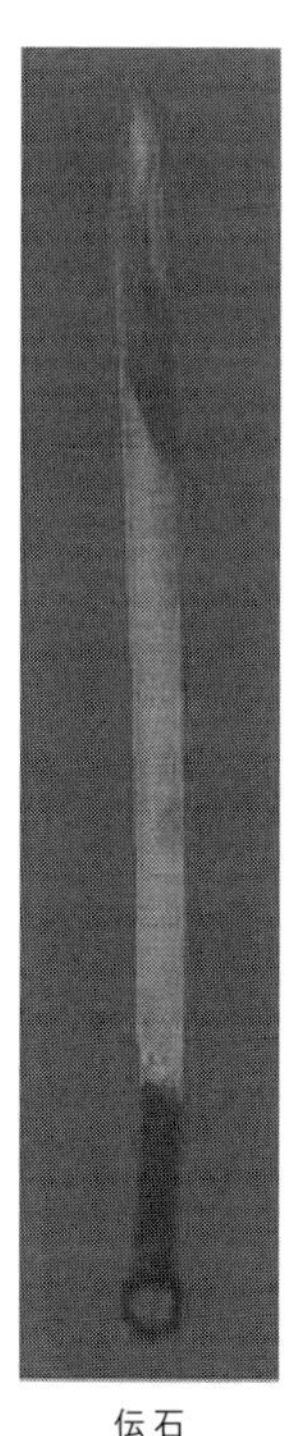

石上布都魂神社のリーフレットに掲載されている
伝・刀工月山貞一作の複製剣の写真　左側（内側）が刃

緒記ではその記述がないという。とはいえ、神剣が吉備から大和へ遷移したのはまちがいないだろう。

それはそれとして、筆者は、神道考古学者・大場磐雄氏が、石上神宮での神剣発掘について著書『まつり』で詳しく書き、師霊は〈天羽々斬（あめのははきり）といって、ヲロチを斬った天十握剣に相当することにもなる〉と述べていることを話した。すると、物部宮司はこう語った。

「私もそれに近い立場です」

出所不明の怪情報

神剣Aと神剣Cは同一のものというこれまでの取材と推理を前提に、山根さん、錦田さんに妻も加わって話し合いをした日のあとのことだ。筆者は、念のため、ウィキペディアの〈石上神宮〉の記事をあらためて熟読した。するとこんな記述をみつけ、少しドキッとした。

〈この神社には本来、本殿は存在せず、拝殿の奥の聖地（禁足地）を「布留高庭」「御本地」などと称して祀り、またそこには2つの神宝が埋斎されていると伝えられていた。1874年（明治7年）の発掘を期に、出土した刀（布都御魂剣）や曲玉などの神宝を奉斎するため本殿を建造（建造のための1878年（明治11年）の禁足地再発掘でも刀（天羽々斬剣）が出土し、これも奉斎した）（原文ママ）〉

以前、取材を進めるまえに読んだときには氣にもしなかったが、これを再読して、まず、丸かっこの使い方がおかしいと思った。それより問題は、傍線を引いた文章だ。

石上神宮の禁足地を発掘し一口の剣が出土したとの文献は、これまでにもいくつか当たっていた。

だが、〈2つの神宝が埋斎されている〉との伝承、〈禁足地再発掘でも刀（天羽々斬剣）が出土〉という情報は、初めてだった。

これが事実なら、神剣Aと神剣Cは別のものということになり、筆者のこれまでの取材や分析にもとづく仮説は否定されることになる。しかし、ウィキペディアの記事に、具体的な出典や根拠はあげられていない。

神宝というのは、A：布都御魂剣とB：十種神宝（トクサノカンダカラ）（八握剣をふくむ）のことではないか。

そこで、石上神宮についてさらに文献を当たることにした。石上神宮が一九九九年に発行した公式刊行物『石上神宮』が、岡山県立図書館にあることがわかり取り寄せた。

それによると、禁足地に師霊が埋納されているという伝承から、明治七年に神剣が出土し〈伝承が正しかった〉と述べられている。もちろん、一口（ふり）だ。巻末の年表に、明治一一年、〈仮本殿を建てる〉とある。〈天羽々斬剣〉とはヲロチ退治の剣のことだが、その出土などまったく書かれていない。

ただ、〈略史〉には左記のような記述がある。

〈創祀以降、素戔嗚尊が八岐大蛇を退治するのに用いられた天十握剣（布都斯魂大神の御神体）も祀られて……〉

御神体という表現は物理的なイメージをもつが、その言葉以外、何の事跡も記されていない。公式刊行物『石上神宮』にある〈御祭神〉の説明では、布都斯魂大神について、公式ウェブサイトとおなじく「御霊威」とだけあり、具体的な神剣の存在はうかがえない。

もし、ヲロチ退治の剣があるなら、石上神宮として隠す必要はないだろうし、一〇〇〇年以上も隠しておけるわけもない。ぎゃくに、ヲロチの尾から出てきた草薙剣との対（つい）の神剣として、堂々と公（おおやけ）にするはずだ。そのほうが、石上神宮の権威を一段と高めることにもなるだろう。

また、別の文献にも、明治七年の禁足地発掘のくだりにつづいてこう述べられている。

〈その後の本殿造営の折にも玉類などが発見された〉（『週刊神社紀行8　大神神社・石上神宮』学習研究社　二〇〇三年）

ここにある〈その後の本殿造営〉とは明治一一年の仮本殿造営、あるいは明治四三年からの本殿建設工事のことか。いずれにせよ、第二の神剣にはふれていない。

刊行物『石上神宮』には〈社宝〉という章があり、「禁足地出土品」として一口の大刀（たち）が写真つきで掲載されている。そこには、こんな説明がある。

〈全体に銹化が進んでいますが、切先に近い刃部や中央には本来の磨かれた部分が残っています。全長七八・四糎で、茎（なかご）に目釘孔一個をあけてあります。（以下略）〉

製作年代も来歴も不明のようだ。その形状や状態から、神剣Aよりずっとのちに埋納された鉄剣だと思われる。刀剣に詳しい札幌市の知人に画像を送りみてもらうと、六世紀ころのものだろうという。もちろん、神剣Cとは関係ない。それが第二の神剣だと一部のひとに勘ちがいされたのかもしれない。

ウィキペディアの記述は、部分的に史実を織り交ぜたフェイク情報と思われる。同様のことはある書籍にも記されているが、出典も根拠もあげられておらず信憑性はないだろう。

カギは疫病退散の年　崇神七年

神剣の遷移時期について、崇神朝説のほうには具体的な事跡がある。韴霊（ふつのみたま）は、出雲制圧の際タケミカヅチが使ったものだった。神武東征のとき、女賊を倒すと毒を吐いたので、皇軍が萎（な）えた。そこでタケミカヅチは高倉下（たかくらじ）を通じて、神武天皇に霊力の強い剣を差し上げた。それをのちに、神武からウマシマジがもらい受けた。

ここからは推理となる。これは直接の証拠がないから《カテゴリーb　史実とは言い切れないもの》だ。神剣の祟りないし霊力が要点となる。

その剣は、祟りが強すぎたのではないか。そこで、出雲と大和の中間に位置し、ウマシマジの出身・物部氏の事跡がある吉備の神主にあずけることにした。物部氏とつながりの深い吉備は、出雲制圧の地でもヤマト王権の都でもなく、祟りは表れないだろうと考えた可能性が高い。

ただ、その前後のことは、大和の石上神宮などの文献にはつづられておらず、大和から吉備への神剣遷移の時期と理由は不明だ。

『日本書紀』によると、朱鳥（あかみとり）元年（六八六年）、三種の神器のひとつである草薙剣が祟ったため、尾張（愛知県）の熱田神宮に送った。それについては、詳しく後述する。

祟る神剣が、遠方へ送られたケースは別の時代にもじっさいにあったのだ。

神剣が、一時期にせよ吉備にあずけられたのはたしかだろう。石上布都御魂神社の物部昭徳宮司は、筆者にこう語った。「神剣を崇神朝に奈良へ移したとの文献はないものの、そうした伝承が神社や地元吉備に伝わってきました」

大和の石上神宮で禁足地から神剣が伝承どおり発掘されたように、吉備の伝承も蓋然性は高いかもしれない。

崇神天皇の時代は、三世紀後半とみられており、出雲制圧期から間もないころだった。崇神五年に疫病が大流行し、三輪山のオオモノヌシの祟りとわかった。そこで、オオモノヌシの子の大田田根子を探し出し鎮めようとし、崇神七年に疫病が退散したことは先にくり返し述べた。

筆者は、奈良の石上神宮の公式ウェブサイトにある「A：布都御魂大神」の記述を思い出した。〈神武天皇は即位後、その功績を称え、物部氏の遠祖・ウマシマジに命じて宮中に祀らせたが、第10代崇神天皇7年、勅命によりこの地に祀ったのが当神宮のはじめである〉

布都御魂を勅命により石上布留高庭の土中に祀り石上神宮を創建した年と、大田田根子がオオモノヌシなどを祀り疫病が収まった年が一致する。また、吉備から大和の石上神宮に神剣が移されたのは、崇神朝の疫病を収めるためだったとの物部忠三郎・先代宮司の証言もある。つまり、三つのことがおなじ年にあったと推定される。こんな偶然があるだろうか。

遷移した神剣

やはり、神剣Aと神剣Cは同一のものだったと言える。その剣は、大和→吉備→大和と往復して遷移している。だが、その時期については諸説あり、また、理由も明らかではない。それについて整理してみる。

まず、現在の公式刊行物『石上神宮』は、ヲロチ退治の剣を〈創祀以降〉祀っているとするだけだ。いつ、どこからその神剣が遷されてきたかなど、神剣について何の事跡も語られない。

先に引用した、吉備の石上神社についてのウィキペディアにはこうあった。

〈歴史：上述の十握剣を祀ったのが当社の創始と伝えられる。この剣は崇神天皇の時代に大和国の

石上神宮へ移されたとされており、このことは石上神宮の社伝にも記されている〉

先述のように、吉備の郷土史家・平津豊さんはこうつづっていた。

〈(吉備の石上布都魂神社の物部忠三郎)宮司(当時)によると、崇神天皇の御代に疫病が流行り、霊剣が備前の石上布都魂神社に在ることを知った天皇が、霊剣を大和に移されて、疫病をしずめたということであった〉

古今東西の王朝の正史がそうであるように、『日本書紀』にも〝書かれていない〟ことが当然あると思われる。

そのひとつは、崇神天皇朝に石上布留の高庭に埋められた前後に、韴霊は大和から吉備へと移されていたのではないか、ということだ。そうでなければ、神剣の吉備から大和への移動が合理的に説明できない。

神剣の霊力(祟り)が強すぎるため、おそらく宮中から直接、吉備に移され、あるとき、吉備から大和へ帰ってきて疫病を鎮めたあと、高庭に埋められ石上神宮が創始されたのではないか。ヤマト王権は、物部の伊香色雄(いかがしこお)命に命じて、大和・石上布留の高庭に埋めさせて禁足地とした。

吉備にあったこの神剣は、オオモノヌシ=オオクニヌシ(オオナムチ)を倒し、出雲を制圧したものだった。だから、オオモノヌシの祟りを鎮める霊力があると考えられたのだろう。毒をもって毒を制すのは、呪術そのものではないか。祟る神や怨霊はそれを祀ることで守護神となる、という御霊(ごりょう)信仰があった。

疫病が二年で収まったのは、現代の医学から考えれば、集団免疫ができたためだろう。令和のコロナ禍を経験したわれわれなら、よくわかる。

以後、『記・紀』でオオモノヌシは何度も祟ったとされるようになる。それは、崇神朝の疫病の強烈な記憶によって、災厄はすべてオオモノヌシの怨霊のせいにされたからではないだろうか。

神剣遷移の図式化

ウマシマジが神剣を受け取り、それがのちに、大和と吉備のあいだを遷移したのは、崇神朝あるいはそれ以前の出来事だ。この当時はまだ、ヲロチ退治神話は生まれておらず、ヲロチを斬った剣を意味する呼称はなかったはずだ。

大和で疫病退散の呪術にもちいられた神剣は、崇神七年、石上布留の高庭に埋められ、それから明治七年に取り出されるまで、約一五〇〇年以上も土中にあったことになる。石上神宮の伝承は正しかった。

ここで、神剣の遷移を図式化しておく。これをみると、神武天皇は実在していたとしても出雲制圧のあととなる。神話と史実が入り交じっており、神武とタケミカヅチの時系列も乱れている可能性がある。だが、時系列が乱れていても、本書のテーマにとって本質的なことではない。

出雲制圧で使われたタケミカヅチの剣＝神武天皇を助けた剣（布都御魂）

↓

神武天皇 → ウマシマジが宮中に祀る

↓

霊力が強すぎ、あるとき大和から吉備へ移され布都御魂として祀られる

↓

崇神五年に疫病が流行り、崇神七年、神剣が吉備から大和へもどされ疫病をおさめる

↓

やはり霊力が強すぎ、高庭に埋納して石上神宮が創始され、神剣Aとして祀る

神剣がヲロチ退治の剣とも呼ばれるのは『記・紀』以降

吉備の郷土史家だった吉崎志保子氏が〈がっかりした〉とする〈石上社記〉を、岡山県立図書館から取り寄せた。読んでみると、筆者には、がっかりどころか大いに収穫があった（『備前記　全』就実女子大学近世文書解読研究部編纂　備作史料研究会発行　一九九三年　収録）。

〈吉備の前州赤坂郡平岡の郷石上の神社は韴霊なり〉と書き出され、高天原でのスサノヲの乱暴狼藉、アマテラスの天岩戸隠れ、スサノヲの出雲国簸の川上降り立ちとヲロチ退治が叙述されたあと、こうつづられている。

〈その大蛇を斬りたもう剣はおろちの麻正と申す。また、おろちのからさびの剣とも申す。これすなわち吉備の国石上の神社これなり。かくて人皇崇神天皇の御時、大和国山辺の郡にうつし奉り磯上布留の宮と申し奉る。また、経津の御たまと申すは、人皇の始め神武天皇御子手きしみゝの命と（以下略）〉（原文ママ）

この「石上社記」は一六七三年に編纂され、翌年、岡山藩主の池田綱政公が判を押し公式の文書としたとある。

社記で注目されるのは、韴霊（神剣A）とヲロチ退治の剣（神剣C）を完全に同一視しているだけでなく、〈崇神天皇の御時〉に大和へ遷したとしていることだ。

つまり、神剣の遷移時期について、やはり吉備側では一貫して崇神天皇朝としているわけだ。しかし、これは、『日本書紀』の編纂期には吉備にあったとする〈吉備説の一書（第三）〉と矛盾する。

また、別の説もある。島根・郷土資料室にコピーを郵送してもらった〈石上神宮御事抄〉という漢文の文章に、神剣の遷移時期にふれる文献が列記されている。

そのうち『新撰姓氏録』（八一五年）と『古語拾遺』（八〇七年）では、神剣遷移について、〈仁徳天皇の御世〉とある。この天皇は四世紀末から五世紀前半に実在したとみられている（『続々群書類従　第一　神祇部』国書刊行会編　一九七八年）。

これらの記述は、『日本書紀』の〈大和説の一書（第二）〉と符合するが、この仁徳朝説の根拠は記されていない。ネタ元は何かひとつだけの可能性が高い。

これまでの情報を総合すれば、ヲロチ退治は、出雲に源流となる伝承があったとしても、『記・紀』編纂の際、大胆に創作されたと思われる。そのあと、大和の石上神宮では、ヲロチを斬ったとされる神剣Cが主祭神のひとつとして祀られるようになったと考えられる。

それには、律令国家体制の意向が働いたのだろう。ヲロチ退治を神話として説得力をもたせるため、神剣Cを祀ったことにしたと思われる。

石上神宮の公式ウェブサイトに「C：布都斯魂大神」がどう説明されているか、もう一度書いておく。

〈記紀神話に見える、スサノヲが出雲国でヲロチ退治に用いた天十握剣（アメノトツカノツルギ）に宿られる御霊威を称えてこう呼ぶ〉

神剣そのものではなく、その〈霊威〉を祀っていると理解できる。これは、Cに相当する神体としての剣が物理的には存在しないことを示唆するだろう。

石上神宮では、Aについても〈御霊威〉としているが、神剣・韴霊が存在することはサイトに明記されている。

錦田剛志さんによると、ふつう神社は形のある何らかの御霊代（みたましろ）（神体）を祀っている。それが何かは、宮司だけが承知している場合がほとんどだそうだ。

石上神宮に奉斎される三主祭神の状態を、端的に示している文書がある。「石上神宮　ご由緒・崇敬会のしおり」というリーフレットだ。二〇二二年三月、息子が千葉県のひとと奈良県天理市で落ち合い、たまたま神宮に連れていかれたので、もらってきてくれた。意味のある偶然（シンクロニシティー）を感じさせる出来事だった。

文章はやや難解だが、やはりそれには、神剣Aとその霊威、Bの霊力、神剣Cの威霊が祀られているとの趣旨が明記されている。

崇敬会は昭和五六年に創設され〈全国各地の多数の方々に入会して頂いております〉とある。崇敬会としても、三祭神のあり方を是認していることになる。「B：十種神宝」は、行方不明とされ実物がないため、たんに「霊力」となっていると思われる。

大和の石上神宮の現状はこうだろう。

神剣Aは神体と霊威、神剣Cはその霊威だけが祀られている。

神剣渡御祭「でんでん祭」

石上神宮では、毎年の梅雨の時季六月三〇日に、神剣渡御（とぎょ）祭がおこなわれる。末社の神田（こうだ）神社に神剣が渡御し、神前に設けられた斎場で田植えの神事をする。渡御の行列が、太鼓をでんでんと打ち鳴らして進み、地元では「でんでん祭」とも呼ばれる風物詩だそうだ。だが、コロナ禍のあいだ、神剣の渡御は中止された。

日本古代史で、「神剣」と尊称で呼ばれるのは一般に三口とされる。草薙剣（天叢雲剣）、布都御魂剣（師霊剣）、そして蛇の麁正（天羽々斬剣）だ。どんな辞書をみても、渡御とは「神輿が進むこと」とある。神剣が本殿の神座から持ち出され渡御するのはよほどのことであり、この祭事は、おそらく唯一無二ではないか。

石上神宮に電話取材すると、こう話した。

「かつては、本殿から二～三キロメートル離れたところに神田神社がありました。その一帯の土地を売却したので、現在、神社は近くに移っています。本来なら布都御魂さまが行ったほうがいいのですが、その代わりに国宝指定の七支刀をもちい、稲の苗に神さまの力を降り注ぎます」

明治より以前のいにしえから伝わる神事であり、その正確な由緒はわからないそうだ。

この神事は、布都御魂剣が大和→吉備→大和のあいだを遷移した故事に、稲の豊作祈願があわさったものではないか。ただ、布都御魂（神剣A）は、古代から明治七年まで禁足地に埋められていたから、代わりの剣をもちいてきたと思われる。

神剣Aの代わりに神剣ではない七支刀が渡御するという。それは、神宮が奉斎するもう一口の神剣Cが物理的に存在しないことを物語るのではないか。

神道考古学者の大場磐雄氏、岡山県の石上布都魂神社関係者や郷土史家たちは、神剣Aと神剣Cが同一だとの見方に立つ。それについて、日をあらためて石上神宮のひとに聞くと、こう答えた。

「いろいろな意見はあるようですが、当神宮としての見解はありません」

呪術としてのヲロチ退治

ここから以後、話はおもに『記・紀』の編纂期、つまり七世紀末から八世紀初めにかけての時代のことになる。

神剣をめぐるふたつのエピソードを、シンプルに図式化してみる。

出雲制圧：タケミカヅチ　神剣A　オオクニヌシ

ヲロチ退治：スサノヲ　神剣C　ヲロチ

タケミカヅチとスサノヲが、それぞれのエピソードで主人公になっている。

『日本書紀』によると、イザナギの剣からしたたる血から神になったうちの一柱がタケミカヅチの先祖だった。血からタケミカヅチが直接生まれたともいう。もちろん、それは神話的な表現であり、武力にすぐれた実在のモデルがいたと考えられる。剣や血、雷（いかずち）と深いつながりのある武神と言える。出雲をふくむ山陰や北陸では、冬にも雷がよく発生する。それと関係があるのか。

タケミカヅチの存在感が神話上もっとも強いのは、出雲制圧のときだ。『古事記』によると、タケミカヅチが現地司令官として、出雲のオオクニヌシを屈服させた。タケミカヅチの実在度数が低くても、やはり、出雲制圧は《カテゴリーa　史実の可能性が高いもの》だと筆者は考える。

それに対し、ヲロチ退治は、いくつもの山と谷にまたがる超巨大な大蛇（だいじゃ）がいて、スサノヲが剣一本で退治したとされる。子どもでも実話だと信じることはないだろう。それは世界中にある英雄のドラゴン退治物語の日本神話バージョンにすぎず、オリジナリティーに欠ける。

ただ、石上神宮の禁足地から出土した神剣の模写図には、前述のように、刃こぼれ跡のような凹みがある。かりに、出土した韴霊がタケミカヅチの出雲制圧のときの剣そのものとすれば、この刃こぼれができたのは、タケミナカタと戦った跡である蓋然性が生まれ、話はがぜん面白くなるのだが。

右の図式で神剣A＝神剣Cとすれば、タケミカヅチとスサノヲも重なり合う。だが、それはあくまで部分的なものだ。タケミカヅチは、神話上、出雲制圧をしたヒーロー神で、モデルは存在したはずだ。スサノヲは、わずかにモデルとなった人物あるいはローカル神はいても、『記・紀』神話で本格デビューし、高天原→出雲→根の堅州の国を転々としストーリーを回していくトリックスター神であり、『記・紀』の編纂者にとってはユーティリティー神だった。

ヤマタノヲロチの正体

石上神宮の韴霊の禁足地から発掘された剣が、神剣・韴霊である可能性は、菅大宮司がそう断定しており、状況から考えてもかなり高いだろう。

だが、肝心なのは、出雲制圧に使われた剣がフツノミタマと呼ばれ、また、吉備の伝承ではヲロチ退治に使われたとされる剣がおなじ名前で呼ばれ、いずれも崇敬されてきたという事実だ。そして、大変な霊力を宿していて、ときに祟ったとされたという事実だ。

では、なぜ神剣が祟ったのか。それは『日本書紀』神武天皇記の〈女賊を倒すと毒を吐いたので、皇軍が萎えた〉というくだりにある〝女賊の祟り〟などではないだろう。

神剣がそれほど祟ったとすれば、オオクニヌシしか考えられない。出雲が制圧されて民の多くが難民となり、みずからは幽界に鎮座することを強いられた。つまり、この世にはいられなくなった。それに対しての怨念だ。

石上神宮の主祭神である神剣Aと神剣Cがじつは同一のものであり（A＝C）、「制圧」と「退治」がおなじ剣によってなされたものであるとする立場から導けば、論理的な帰結はひとつしかない。

☆八岐大蛇とは、大国主神のことだった。

偉大な神オオクニヌシは大きな蛇

「大きな蛇」がオオクニヌシの象徴であるのは、自然なことに思える。とても偉大な蛇神だった。「八岐」の「八」はやはり数字の八ではなく、たくさんという意味だろう。山々にまたがるほどの巨大な大蛇（だいじゃ）とされたわけだ。

『日本書紀』によると、五世紀後半に在位したとされ、考古学的に実在がほぼ確定している最初の天皇とされる雄略天皇は、三諸岳（みもろのおか）（三輪山）の神をみたいからとらえてくるようにと命令を出す。言われた者は、三諸岳に登って大蛇をつかまえて天皇にみせた。天皇は斎戒しなかったため、大蛇はそのことに対し雷のような音をたて目を怒りで輝かせる。天皇は恐れをなして殿中へかくれた。

三輪山の神とは、オオクニヌシと同一神のオオモノヌシだろう。オオクニヌシやオオモノヌシは大蛇だとされる一例だ。

先述のように、大己貴命（オオナムチノミコト）というオオクニヌシの本来の神名は、「偉大な蛇の貴神」を意味するとされる。

「八岐大蛇」という漢字表記は『日本書紀』のもので、『古事記』原文の初出では「高志之八俣遠呂智（コシノヤマタノヲロチ）」と書かれている。「高志」は古代出雲と密接な関係をもっていた「越」と解釈するのが一般的だ。なぜここで高志が出てくるのか、諸説ある。コシは出雲にとって未開、未知の地であり、コシノヤマタノヲロチとは得体の知れないものに対する恐怖からの呼び名だとする見方もある。

だが、『日本書紀』にないところをみると、そう重要な意味をもつとは考えられない。「高志之」は、オオクニヌシがゆるやかに統治していたネットワーク型王朝の広がりを示すのではないか。

『日本書紀』原文で「大蛇」は八件ヒットする。この八回は偶然なのか。古代において、「八」は「聖なる数」ともされた。

『日本書紀』は、「大蛇」という漢字表記によって、ヲロチがオオクニヌシであることを強く暗示している。『古事記』では、スサノヲが剣でヲロチを切る場面の一か所だけ「蛇」という漢字が使われている。

オオクニヌシ＝オオナムチは、特定の一柱の神ではなく集合体かもしれないと〈第一章〉で述べた。古代出雲の歴代の王が、オオナムチという呼称だったのだろうか。

また、先述のように、『改修　赤磐郡誌　全』では、〈スサノヲは、出雲の長（おさ）たちを平らげた。それがヲロチ退治の真実である〉と指摘していた。この指摘はあながち的外れではないと思う、と先に書いたのは右の理由による。

『古今和歌集』の仮名序を書いた紀貫之が、ヲロチ退治を地上世界の現実のことと認識していたとすれば興味深い、と先に述べた。つまり、ヲロチ退治とは出雲制圧のことという認識だ。実際のところはどうだっただろう。

ヲロチは龍ではない

ヲロチは、われわれのイメージでは「龍」のようにみえ、じっさい絵やアニメ、マンガでそう描かれる。だが、もともとはそうではなく「巨大な蛇」だったのだろうと筆者は思っていた。

出雲歴博に問い合わせると、品川知彦（としひこ）氏からこんな回答メールがきた。

〈中世の書物は成立年代がはっきりしていないものも多く、また写本によっても異同があります。……私が目を通した限りにおいては、弘安年間末頃（一三世紀末ごろ）に成立したとされる『古今和歌集序聞書三流抄』です。ここでは大蛇を龍とも記しています〉

どうやら、ヲロチのイメージが蛇から龍になったのは、『記・紀』の編纂期より五世紀くらいのちのようだ。いまその龍のイメージは、石見神楽の人氣演目『大蛇（おろち）』などですっかり定着している。

出雲制圧の記憶を神話化

ヲロチ退治神話のヒロインであるクシイナダヒメを考えると、世界各地にみられる人身御供伝説のようなものが、出雲にもあったかもしれない。それが、律令国家体制首脳の意を受けた『記・紀』の編纂者によって、正式な神話として整えられたのだろう。そこには、和銅元年（七〇八年）に右大臣となった当時の事実上の最高権力者・藤原不比等（ふひと）の意志がうかがえる。

タケミカヅチらがオオクニヌシの率いる出雲を制圧した記憶が、スサノヲによるヲロチ退治として仮託され神話化された、と考えられる。神話化によって、出雲制圧の正当性ひいてはヤマト王権の正統性を確立し、律令国家を確たるものにしようとした。それこそ、言霊（ことだま）による呪術そのものだった。

『呪術の日本史』（加門七海監修、宝島社）には、こうある。

〈日本の神道では、あらゆるものに神霊が宿ると考え、無形である言葉にも霊的な力が宿ると考えた「言霊信仰」がある〉

それにつづいて、こう述べられている。

〈『古今集仮名序』には、言霊の威力について、その力の本質を知り駆使するものは「あめつちを動かす」、つまり世界を自由に支配できるとされた〉

紀貫之がヲロチ退治の真実を知っていたのでは、と筆者が考えるのは、有名なこの〈あめつち（天地）を動かす〉という言葉からでもある。かなり大袈裟な表現であり、貫之は、藤原不比等の壮大な作為とその影響力を、ここで暗に指摘したのではないだろうか。藤原氏による摂関政治の時代であり、公然とは書けなかったと思われる。

いっぽう、茨城県鹿嶋市宮中の鹿島神宮では、韴霊剣とするものが伝わっている。全長二七一センチメートルもある片刃の直刀だ。平成三〇年までは宝物館で展示ケースに入れて公開されていたが、工事のため当分のあいだ閉館されている。神宮の公式ウェブサイトにはこうある。

〈この直刀の製作年代はおよそ1300年前と推定され、伝世品としては我が国の最古最大の剣として昭和30年に国宝に指定されております。これは、神話の上ではこの韴霊剣が武甕槌大神の手に戻ることなく、神武天皇の手を経て石上神宮に祀られたことから、現在では「二代目の韴霊剣」と解釈され、現在も「神の剣」として鹿島神宮に大切に保存されております〉

『記・紀』の成立したころに造られたもので、神宮自身が「伝世品」と認めている。だから、神座（しんざ）

で奉斎するのではなく宝物館で一般に公開されてきた。鹿島神宮は、タケミカヅチ一柱を祭神とし、藤原氏の氏神として崇敬された。

この直刀について、ある書籍ではスサノヲがヲロチを退治した剣として記述している。それが事実かどうか、念のため鹿島神宮にメールで問い合わせると、すぐに回答がきた。

〈当宮では「直刀」と「八岐大蛇退治」との関係を示唆する伝承は伝わっておりませんので、当宮のパンフレットなどでの説明には記載や御案内は御座いません〉

またも、韴霊剣をめぐるフェイク情報だった。

律令国家体制は、ヲロチ退治の剣を製作することはできたかもしれない。そうしなかったのは、神剣A＝神剣Cとし出雲制圧とヲロチ退治を重ね合わせる呪術のためだったのではないか。とくにそれをねらったのが、『日本書紀』だったと思われる。

ヲロチ退治神話創作の意図

ヲロチ退治エピソードを創作した直接的な目的は、ふたつあったと思われる。

まず、スサノヲによって出雲族の絶対的な大王であるヲロチ＝オオクニヌシを倒したことを暗示し、オオクニヌシの魂を封じ込めるのが目的のひとつだ。オオクニヌシが三世紀半ばころに没したとすれば、『記・紀』の時代は五〇〇年ちかくのちのこととなる。それでも、怨霊を恐れていた。そうした例は、近代にもある。

小松和彦氏によると、明治天皇は、慶応四年（一八六八年）、崇徳上皇の霊が眠る香川県坂出(さかいで)市の御陵に勅使(ちょくし)を派遣し、宣命(せんみょう)を読み上げさせたという。明治維新政府軍による奥羽(おうう)列藩(れっぱん)同盟軍への攻撃を控え、上皇が敵方に味方しないよう怨霊をなだめ鎮めようとしたとされる。崇徳上皇が亡くなってから七〇四年ものちのことだ（『呪いと日本人』角川ソフィア文庫）。

出雲の大神であるオオクニヌシが祟り、その封じ込めが図られたことについては、いろいろな識者が語っている。

たとえば、歴史作家の関裕二氏は、六四五年に中大兄皇子・中臣鎌足らが蘇我入鹿を宮中で暗殺し蘇我氏（蘇我宗家）を滅ぼした「乙巳の変」以降の政変劇とのからみで考察する。

まず、〈蘇我氏は出雲神（現実には弥生時代後期から古墳時代初期にかけて、出雲や山陰地方で活躍していた首長であろう）の末裔だった〉とみる。

〈七世紀後半から八世紀にかけて、持統天皇と藤原不比等の手で、「静かなクーデター」が勃発していたのであり、この過程で、物部氏や蘇我氏といった、古代を代表する豪族たちは、次々と埋没していった〉〈罪なくして殺され、改革事業の手柄を横取りされた蘇我氏は、大いに祟って出たようだ。祟る蘇我は祟る出雲と重なっていったのではあるまいか〉（『出雲大社の暗号』講談社＋α文庫　二〇一三年）

ヲロチ退治のふたつ目の目的は、その尾のあたり、つまり出雲の地から草薙剣を取り出したと強調することだった。これにより、ヤマト王権の正当性・正統性が生まれる。

草薙剣は、神話上、スサノヲによって高天原のアマテラスに届けられ、強大な呪術力を秘めた三種の神器＝天皇のレガリアのひとつとなる。

三浦佑之氏はこう述べている。

〈王権が、倒した仇敵の神宝を自らの宝物にするのはよくみられることで、それは相手の力を内部に取り込むことを意味する〉(『口語訳　古事記　神代篇』文春文庫　訳注)。

ヲロチ退治は、草薙剣に歴史性、神秘性、呪術性、神性をもたせるためのエピソードとも言えるだろう。神器(レガリア)は、洋の東西を問わず、王権の正当性・正統性そのものの象徴とされる。

たとえば、筆者が妻につきあって観た大長編の韓流テレビ時代劇『朱蒙(チュモン)』で、主人公の高句麗(こくりよ)初代王・東明聖王は弓の達人とされ、ドラマでは大きな弓がレガリアだった。わが国では、それが銅鏡であり神剣であり勾玉だった。

『記・紀』編纂期のヤマト王権→律令国家体制は、それほどまでに、正当性・正統性が必要だった。そして、出雲の大神の神威・霊力を必要とし、どうじに、怨霊を恐れていた。それは、出雲の政治的というよりスピリチュアルな存在があまりにも大きかったからではないか。

ここまで古代出雲の解明が進んできて、山根良夫さんはこう言った。

「歴史の勝者によって封じ込められた古代出雲王国の姿を、垣間見たような氣持ちになった」

ヤマト王権によるマインド・コントロール

律令国家体制は言論を統制し、国策として、神話とくにヲロチ退治をPRしたと思われる。じつはそれが出雲制圧の記憶を神話化したものであることは、公(おおやけ)にはされなかっただろう。しかし、ヲロチ退治の深意は、わかるひとにはわかっていたと思われる。

『出雲国風土記』には、ヲロチ退治をめぐることがまったくつづられていない。その神話の真意を知る風土記の編纂者は、敢然と無視したのではないか。

上田正昭氏は、『古事記』が神代篇に重点をおいていることを指摘する文脈で、こう書いている。

〈あらためて天皇統治の必然性を強調し、その王統のよってきたるところを神代にまで溯及する必要があった〉（『新版　日本神話』角川文庫）

上田氏によると、律令国家体制は『日本書紀』を官僚機構など体制に浸透させるため、試験などに出題し徹底的に刷り込んだ（同）。

三浦佑之氏も『日本書紀』は編纂直後から官人向けに講書が行われたとする（『歴史道』Vol.12）。講書とは、書物の内容を講義することだ。

『日本書紀』の内容は、中央と地方派遣の官僚だけでなく、上から下へ、都の大和から地方の民衆へも、語部らによって周知徹底された。〈語部たちは課税を負担した農民集団であって、各地の首長を介して朝廷に隷属していた人々であった〉（『新版　日本神話』）

この時代の語部とは、体制側のＰＲ担当あるいは情報工作員だったことになる。

時代が下るにつれ、スサノヲを祀る神社が各地にどんどん創建された。それは、律令国家体制が呪術の実践として祀らせたからではないか。

また、とくに出雲ではヲロチ退治がらみの神蹟造りもおこなわれた。雲南市木次町には、スサノヲがヲロチ退治のあと、その八つの頭を埋め、八本の杉を植えたと伝えられる「八本杉」が、観光スポットとなっている。この杉は、何度も流失しながら、そのたびに捕植され、現在の杉は明治六年（一八七三年）に植えられたものという。

その近くの、スサノヲが流れてくる箸をみつけてひろったとされる地には「八俣大蛇公園」があり、スサノヲとオロチの対決場面を再現した石像と「箸拾いの碑」が建立されている。

『備後国風土記』がルーツとされる蘇民将来とスサノヲの疫病封じのエピソードは、現代でも各地に根強くのこっている。蘇民の日本最古の護符は、京都府長岡京市でみつかった八世紀の木簡で、『記・紀』とほぼおなじ時代のものだ。

蘇民は律令国家体制の〝広告塔〟であり、蘇民を使ってスサノヲの神威をアピールし、国民をマインド・コントロールしたとも言える。

時代はうんと下り、第二次世界大戦後、ＧＨＱは、占領・統治に都合がいいように日本国民をマインド・コントロールした。日本の非軍事化、民主化、左傾化などをねらったＧＨＱの戦略は、わずか数年で大成功をおさめた。マインド・コントロールは、いまに至るまでつづいている。そして、ほとんどの人は、自分がマインド・コントロールされているとの自覚がない。

「ペルセウス・アンドロメダ型」と呼ばれる民話では、人身御供にされようとする乙女を英雄が怪物や悪魔を退治して救う。北ヨーロッパと大陸ゲルマンに伝わるジークフリート伝説などが有名で、この型の民話は世界中に広まっている。ヲロチ退治は、その典型例だ。

ただ、『記・紀』が創作したヲロチ退治については、つぎのような指摘もあり、古くから出雲に原型のようなものがあったかもしれない。

〈大蛇とイナダヒメとの関係は、もともと「怪物と人身御供」ではなくして、蛇体の水神・農神と稲田を象徴する女神との結婚であったのであり、そうした行事によって、稲の稔りがあると信じられたのであろう。スサノオが八岐大蛇のことを「汝は畏(かしこ)き神なり、敢て饗(みあえ)せざらむや」（紀）といい、酒を供したという話があるのは、その痕跡であろう〉（松前健『出雲神話』講談社現代新書　一九七六年〔原文ママ〕）

ここでは、ヲロチが神として崇められている。現代の出雲地方でも、ヲロチは必ずしも悪の存在とはされず、むしろ愛されている。ヲロチとは出雲の大神のことだ、というDNAの記憶があるのだろうか。

出雲市と奥出雲町、飯南（いいなん）町の一市二町では、マイカーのご当地ナンバープレートにヲロチのデザインが選ばれた。二〇二〇年五月から導入され、当初の予想を大きく超えて人氣を博している。じつは、筆者も新しい愛車にカラーのヲロチプレートをつけている。

時系列アリバイの呪縛

岡山県の郷土史家などや、奈良県の石上神宮の禁足地発掘を詳しく書いた大場磐雄氏は、神剣Aと神剣Cがおなじものであることに氣づいていた。ではなぜ、それ以上は踏み込まなかったのだろうか。

天皇家にかかわるタブーの時代背景をかかえるケースもあった。それだけではなく、一番の理由は、スサノヲとオオクニヌシでは時代や世代がちがう、という『記・紀』の時系列アリバイの呪縛があったからではないか。

〈第一章〉で、この二神の時系列の逆転ないし時系列そのものが無意味であることについて書いた。

一、最古から二番目以降の完成形和歌をオオクニヌシが詠んでいない。

二、和歌の祖について、下照姫とスサノヲの二説があり、その時系列も疑わしい。

三、古代には蛇信仰があったが、オオクニヌシとちがいスサノヲには蛇

・出雲599・
あ 20-46

ナンバープレートのサンプル（出雲市の公式ウェブサイトから）

神の痕跡がない。
四、スサノヲは新羅を経由して出雲へ来たとされ、オオクニヌシよりのちの時代となる。
五、スサノヲとオオクニヌシの系譜は入り乱れており、親子神とする説などは信頼できない。
そして、もうひとつを【コラム】であげた。
六、神々などの系譜は、奈良時代、父系社会の発想で過去にさかのぼって創作された。
以上のような認識があれば、神剣A＝神剣Cという結論に至る心理的抵抗はほとんどなかっただろう。

いつの世も、真実にたどりつくのに、先入観や固定観念が壁となる。言い替えると、『記・紀』神話に呪縛されていた大場氏らは、時系列アリバイを崩せなかった。

核心は『記・紀』の共通事項

三浦佑之氏は、大著『出雲神話論』で、『古事記』と『日本書紀』にある神代篇の項目（エピソード）を対照表にしている。三浦氏は、表によって両書の本質的なちがいを強調する。その対照表をここで引用させてもらう。

筆者は表をじっくりとながめ、AからFのうち、出雲制圧（国譲り）やヲロチ退治などにかかわる項目C・D・Eがどうなっているか比べてみた。すると、『古事記』に三八項目あるうち、『日本書紀』では正伝と一書をあわせ一三項目が内容的に共通する。

労作の対照表をみると、表面上、『記・紀』両書の記述はひじょうに異なる。だが、ともにおなじねらいを秘めていることもうかがえる。ヤマト王権→律令国家体制がいかにまっとうないきさつによって誕生したか。それをアピールするためひそかな意図をもって両書が編纂されたのは一目瞭然だ。『記・紀』神話に共通するものこそが核心だ。

したがって、筆者は『記・紀』と並列させて呼ぶのは、それなりの理由があると思う。じっさい、ほとんどの識者はそう呼んでいる。

言論統制による吉備説の伝承

神剣Cについて、吉備では一貫して、〈韴霊〉〈布都御魂剣〉〈経津の御たま〉と呼ぶと同時に、ヲロチ退治の剣〈おろちの麁正(アラマサ)〉などの名で呼んでいる。

筆者の仮説によれば、ヲロチ退治の創作が完成されたのは『記・紀』編纂期であり、崇神天皇朝はそれよりざっと五世紀も前にさかのぼる。そこで、この時間差の問題をクリアするおそらく唯一の可能性はこうではないか。

大和から吉備に神剣（A）が移されたということは『記・紀』以前に存在したと考えられている「旧辞」につづられ、あるいは伝承もあったが、律令国家体制に抹殺された。そして、『記・紀』編纂で出雲制圧の事実がヲロチ退治として神話化されて以後、体制によってつぎのように徹底して言論統制された。

〈昔、大和から吉備に神剣が遷移された。その吉備にかつてあった神剣はフツノミタマと呼ばれていたが、それはヲロチを退治した剣（神剣C）だった〉

それが、〈吉備説の一書（第三）〉などに記された。その結果、吉備ではヲロチ退治の神剣として伝承されたのではないか。

古事記（%＝原文字数）	日本書紀 正伝	日本書紀 一書（段－第）	舞台	名称	備考
A　イザナキとイザナミ　（21%）			地上／地下	国生み神話	
1．天地初発・オノゴロ島	○	○			
2．キ・ミの島生み／神生み	○	○			
3．イザナミの死とイザナキの黄泉国往還	×	○（五－6）			
4．イザナキの禊ぎと三貴子の誕生	△	○（五－6）			
B　アマテラスとスサノヲ　（14%）			高天原	高天原神話	
1．イザナキの統治命令とスサノヲ追放	○	○（五－6）			
2．スサノヲの昇天とアマテラスの武装	○	○			
3．ウケヒによる子生み	○	○			
4．スサノヲの乱暴	○	○（七－2）			
5．天の石屋ごもりと祭儀	△	○			
C　スサノヲとオホナムヂの冒険　（16%）			出雲（古事記神話の43%）	出雲神話	大国主の国作り（出雲神話）
1．五穀の起源	×	△（五－11）			
2．スサノヲのヲロチ退治	○	○			
3．スサノヲとクシナダヒメの結婚	○	△			書紀正伝に記載なし　古事記神話の25%
4．スサノヲの神統譜	×	△（八－6）			
5．オホナムヂと稲羽のシロウサギ	×	×			
6．オホナムヂと八十神	×	×			
7．オホナムヂの根の堅州の国訪問	×	×			
8．葦原の中つ国の統一	×	×			
D　ヤチホコと女たち、国作り　（14%）					
1．ヤチホコのヌナガハヒメ求婚	×	×			
2．スセリビメの嫉妬と大団円	×	×			
3．オホクニヌシの神統譜	×	×			
4．オホクニヌシとスクナビコナ	×	○（八－6）			
5．依り来る神御諸山に坐す神	×	○（八－6）			
6．オホトシ（大年神）の神統譜	×	×			
E　制圧されるオホクニヌシ　（13%）				出雲制圧神話	大国主制圧
1．アマテラスの地上征服宣言	△	×			
2．アメノホヒの失敗	○	×			
3．アメノワカヒコの失敗	○	○			
4．アヂスキタカヒコネの怒り	○	○（九－1）			
5．タケミカヅチの遠征	○	△			
6．ヤヘコトシロヌシの服従	△	△（九－1）			
7．タケミナカタの州羽への逃走	×	×			
8．オホクニヌシの服属と誓い	△	△（九－2）			
F　地上に降りた天つ神　（22%）			日向	日向神話	
1．ニニギの誕生と降臨	○	○			
2．サルタビコとアメノウズメ	×	○（九－1）			
3．コノハナノサクヤビメとイハナガヒメ	×	○（九－2）			
4．コノハナノサクヤビメの火中出産	○	○（九－2）			
5．ウミサチビコとヤマサチビコ	○	○			
6．トヨタマビメの出産	○	○（十－3）			
7．ウガヤフキアヘズの結婚	○	△			

『古事記』上巻と『日本書紀』巻一・二　構成対照表（作成＝三浦佑之。『出雲神話論』講談社、より）

このように、権力によって歴史が作られることはままある。ねらいは、出雲制圧とヲロチ退治を呪術的に同一化することにあったと思われる。また、ヲロチ退治の剣を新たに造るわけにはいかなかったからだろう。もし造れば、その製作年代からヲロチ退治が虚構である物的証拠となってしまう。

いっぽうで、吉備の石上布都魂神社の物部忠三郎・先代宮司の証言では、神剣Cが大和に遷移したのは崇神天皇朝で、疫病を退散させるためだった。つまり、『日本書紀』編纂期、吉備にはとうの昔に神剣Cはなかった。

そう考えると、『日本書紀』につづられた〈吉備説の一書（第三）〉の〈いま吉備の神部（神主）のところにある〉という記述、おなじく吉備説をつづる『先代旧事本紀』の筆者が現代語訳した一節も虚偽であり、大和の石上神宮にあるとする〈大和説の一書（第二）〉のほうが史実だと思われる。

すでに述べたように、『日本書紀』の数ある一書は、それ以前に存在したさまざまな歴史書を、完全には整理せず併記したものだ。右のような一書の混乱ないし不整合は、情報を攪乱（かくらん）するためであり、むしろ『日本書紀』がねらったものではないか。

三種の神器とは何か

三種の神器とは、邇邇芸命（ニニギ）がいわゆる天孫降臨をするとき、アマテラスから神代（かみしろ）として授けられたとする八咫鏡（やたのかがみ）・草薙剣（くさなぎのつるぎ）（天叢雲剣（あめのむらくものつるぎ））・八尺瓊勾玉（やさかにのまがたま）を言う。

一般に、天皇の即位にもちいられるものとされる。その根拠法は、藤原不比等らが『大宝律令』を修正編纂して天平宝字元年（七五七年）に施行された『養老律令』の「神祇令」に規定されている。それによると、天皇即位に際し、忌部氏が鏡と剣を奉るようにと記述されている。忌部氏は、古代の有力な氏族であり、中臣氏とともに神祇祭祀をおこなっていた。

この規定によって初めて即位したのが、持統天皇だった。ここでは、勾玉は登場しない。三種の神器という呼び方は後世のもので、勾玉はあまり尊重されていなかったともされる（渡邊大門『奪われた「三種の神器」皇位継承の中世史』講談社現代新書　二〇〇九年。他）。

ポイントは、藤原不比等が、直接かかわっていることだ。これも、『記・紀』編纂期と重なる。『記・紀』神話とは、三種の神器の由緒を述べるためのものだった、とする識者も少なくない。それは、ヤマト王権→律令国家体制の正当性・正統性を確かなものにすることとおなじ意味だろう。

ただ、古代日本で、鏡・剣・玉の三種の組み合わせは天皇家特有のものではなかった。先述の田中卓氏は、ざっとつぎのように記述している。

〈一九八八年、福岡市西区の吉武高木遺跡の3号木棺墓から、剣類と鏡、玉（勾玉）がそろって発見された。この遺跡は、弥生時代前期末から中期初頭、絶対年代ではおよそ西暦前二世紀から前一世紀とされる。これによって、剣・鏡・玉の三種がひと揃いとして、首長の権威を象徴する宝物だったことが明らかになった〉（『伊勢・三輪・加茂・出雲の神々　続・田中卓著作集1』国書刊行会）

ここから、天皇家のルーツが北部九州にあったらしいことがうかがえる。古代出雲王国の萌芽期→準隆盛期である田和山・神後田遺跡と重なる時代のことだ。

〈天皇が皇位を継承するための三種の神器は、鏡、剣、勾玉であり弥生時代に源流を持つ呪術文化にあったことがわかる〉（加門七海監修『呪術の日本史』）

鏡

蛇信仰の研究をライフワークとした吉野裕子氏は、『蛇』でこう述べる。

〈古代の日本人は蛇に対して強烈な信仰をもっていた〉〈その生態の中でも、ことに顕著な特徴をなしているのは、その「目」である〉。

蛇の古語はカカ、カガであることは、先述した。

〈この「カカ」追求の究極の目的は「鏡」にあり、問題は至高至純の宝器として三種の神器の筆頭を占める鏡であって、その解明が本章の主題である〉〈中国伝来の「鏡（きょう）」が「カガミ」と訓（よ）まれた理由は、鏡が古代日本人によって「蛇の目（カカ）」つまり「カガメ」として捉えられたからではないだろうか。「カガメ」は容易に「カガミ」に転訛（てんか）する〉

蛇の頭部を象徴するものこそ、目でありカガミだった。

出雲弁や東北弁ではeとiは区別がつかないことがある、とすでに述べた。おそらく、古代の標準語もそうだっただろう。その場合、カガメとカガミは完全におなじ言葉となる。

剣

『記・紀』では、草薙剣（天叢雲剣）はヲロチの尾から出てきたとされる。吉野氏はそれについて、こう指摘する。

〈蛇には四肢がなく、蛇の蛇たる所以（ゆえん）はもっぱらその頭と尾にある。天叢雲剣がもしこの蛇の尾の象徴であるとすれば、蛇信仰の呪物として、剣だけでは片手落ちであって、蛇の頭部象徴の物実（ものざね）を加えて、呪物ははじめて呪物たり得るのである〉

〈八岐大蛇の場合、大蛇の尾、つまりその身体の内部から出現した剣は、正真正銘の蛇の精である。竜蛇のあるところ、必ず雲氣が棚曳く（たなびく）というが、『書記』によればこの剣の本名は天叢雲剣であって、この名称はまさに蛇の精としてのこの剣の本質を物語っている。そうして、この剣が鏡と並んで皇位象徴の神器となっている事実は、日本古代人における蛇信仰の根強さを証するものである〉

ヤマト王権→律令国家体制は、神望・神威が絶大なオオクニヌシを悪役にはできず、ヲロチというモンスター退治の寓話によって暗示した。その尾から得られた剣を、正当性・正統性の象徴つまり三種の神器のひとつとした。どうしても、剣のルーツを出雲だとする必要があったのではないか。

江戸時代中期の神道家・玉木正英編による『玉籤集（ぎょくせんしゅう）』（全八巻、一七二七年成立）の裏書には、熱田神宮の大司ら四、五人が神体の草薙剣を実際にみたことが記されているという。その裏書の存在は、明治三一年に刊行された『神器考証』で、栗田寛という人物が吉田家に伝わるものを引用紹介して世に知られるようになった。裏書がいつ書かれたかは不明とされている。

先に、石上神宮の禁足地を発掘した菅大宮司は、古代史の真実探究のヒーローだと書いた。熱田神宮の大宮司らも、そのまえに、やはり真実を知ろうとした人びとだったらしい。

その裏書の核心部分はこうだ。

〈木の箱のなかに石の箱があり、そのなかに樟（くすのき）の丸木をくり抜いて黄金を敷いた上に長さ二尺七、八寸の剣があった。刃先は菖蒲の葉のようで中ほどは厚みがあり、元のほう六寸ばかりは魚の背骨のように節立っていて、色は全体に白かったという〉（『神器考証』原文は、国立国会図書館デジタルコレクション所蔵　該当個所はコマ番号23）

この記述から、弥生時代に造られた白銅製の剣とみられている。菖蒲の葉のようとあり、両刃の剣か。長さ八〇センチメートル強というのは、石上神宮の禁足地から出土した鉄剣とほぼおなじだが、形状はちがう。柄がついているので、祭祀用だった荒神谷遺跡の銅剣とは異なり、もともと武器として使われていたかもしれない。

青銅は銅と錫の合金で、そのうち、とくに錫の含有量の多い白銀色のものを白銅と呼ぶ。古代の銅鏡は、白銅を素材とするものが多かったとされる。

草薙剣は数奇な運命をたどっており、江戸時代、熱田神宮に祀られていた銅剣がそれかどうかはわからない。草薙剣の形状については諸説あるが、裏書の記述が定説のようになっているそうだ。かりに、この裏書につづられた話が事実であり、かつ、実見されたのが草薙剣そのものなら、『日本書紀』で出雲制圧（国譲り）のときオオクニヌシが献上したと記される広矛と、どんな関係があるのだろうか。その広矛は、国を平らげたときに用いたもの、つまり武器だったとされるが、はたして実用性はあったのか。

熱田神宮に祀られているのは弥生時代の銅剣であり、広矛ではなくこの剣こそオオクニヌシによって献上されたものだ、と考えることはできないだろうか。ヲロチとはオオクニヌシだとしたとき、その尾から出てきたとされる剣こそ、古代出雲王国に王権の象徴として伝わる神宝だった可能性はあるだろう。

『記・紀』神話は三種の神器の由緒譚だとする立場に立てば、ヲロチ退治神話は草薙剣の由緒をつづったものとなる。そして、この剣が出雲で献上されたものだとすれば、天皇家の神器としてはこの上なくふさわしい。

『日本書紀』が、献上品を両刃の銅剣ではなく広矛とつづったのは、ヲロチ退治と出雲制圧を直結させないための作為ではないか。

むろん、草薙剣がもとは出雲の神宝だとする説は《カテゴリーb　史実とは言い切れないもの》であり、それをたしかめる術もない。

ただ、著名な考古学者だった森浩一・同志社大学名誉教授は、こう書き残している。〈草薙剣は本来、出雲の土地にあったがゆえに神宝となりえたのであろう〉（『日本神話の考古学』朝日新聞社一九九三年）。

草薙剣が天皇に祟る

草薙剣は、ヤマトタケルが燃え盛る草を薙ぎ払い危地を脱したのでそう呼ばれるようになったことはよく知られる。ヤマトタケルは若くして亡くなり、形見の剣は熱田神宮に祀られる。その神剣が、天智天皇七年（六六八年）、新羅の僧・道行に盗まれ行方不明となったものの、七年後にはかえってきて宮中にとどめ置かれた。

そして、先に少しふれたが、『日本書紀』の朱鳥（あかみとり）元年（六八六年）六月一〇日条にはこうある。

〈（天武）天皇の病氣を卜（うらな）ったところ、草薙剣が祟っていた。その日に尾張国の熱田社（熱田神宮）に送り安置した〉（木佐訳）（原文：卜天皇病、祟草薙劒、卽日送置于尾張國熱田社）。

草薙剣は、ふたたび熱田神宮に祀られた。その年の九月九日、天武は崩御する。三種の神器のひとつであり、天皇の武力の象徴とされる草薙剣さえ天皇自身に祟り、死に至らせる。それは、どういうことだろう。

壬申の乱で、大友皇子は、のちの天武天皇である大海人（おおあま）皇子によって自殺に追い込まれた。だから、天武天皇には恨みがあるだろう。だが、大友皇子もその父の天智天皇も、草薙剣はまったく関係がない。

これも、大和・石上神宮の布都御魂剣とおなじで、祟る剣が遠方へ遷移されたケースだ。

この神剣は、『記・紀』神話によれば、ヲロチの尾から出てきた。したがって、天武の死も、ヲロチとして描かれたオオクニヌシの祟りと考えたほうが自然に思える。さらに、草薙剣がじつはオオクニヌシの献上したものだと仮定すれば、その祟りが、『記・紀』を編纂させた天武天皇にあらわれるのは必然とも思える。

朱鳥元年は、三九年間にわたる『記・紀』編纂の着手から五年目にあたる。編纂者らは「天皇に神器の神剣が祟る」という生々しい時代を生きていた。それでも、草薙剣の由緒譚であるヲロチ退治神話をつづり、後世にのこした。そこには、よほどの意志があったのだろう。

なお、『玉籤集』裏書の末尾にも、草薙剣の祟りについてつづられている。

〈大宮司がのぞきみしたことが神の意にそぐわなかったのか、不慮のことで流罪となり、他の者たちも病死した。ひとりのこった松岡正直という人物が、私に事の次第を伝えてくれた〉（木佐訳）

勾玉

勾玉の形は、古代人が考えた魂の形ともされる。

〈高志（越）は縄文時代から玉作りが盛んで、日本各地に糸魚川産のヒスイが運ばれた〉（『先代旧事本紀［現代語訳］』注）。その地は越であり古代出雲王国の勢力圏だ。

古墳時代になると、花仙山（島根県松江市）の碧玉・瑪瑙・水晶を原材料とする勾玉が作られ、列島の広い地域に流通していた。古墳時代後期の六世紀後半、出雲は列島内で数少ない玉生産地となり、ほぼ独占的に列島各地へ玉を供給する（松本岩雄氏）。

かりに、三種の神器がこのころに創作されたのであれば、そのひとつ勾玉が古代出雲王国産である可能性はじゅうぶんある。やはり翡翠（ひすい）なのか。それとも、瑪瑙（めのう）なのか。

ヒントはある。石上神宮の禁足地から、一口（ふり）の剣などとともにヒスイの勾玉一一個が出てきて重要文化財となっている。大場磐雄氏の著書『まつり』にはその写真も載っていて、こう説明されている。

〈頭尾同大のコンマ状をして頭部に丁字（ちょうじ）を刻んでいる〉〈色沢は濃緑または淡緑〉で、骨董愛好家にとってはよだれを垂らすしかないものだとする。大きさはまちまちであり、最大のものは五・八センチメートルというから、勾玉としてはかなり大きい。

先述のように、発掘されたのは四世紀後半の祭祀遺跡だと大場氏は推定している。

かりに、神器の勾玉がヒスイなら、ネットワーク型王国という広い意味で出雲勢力圏産と言えるだろう。

ヒスイの産地として有名な新潟県糸魚川（いといがわ）市に残る伝承では、『古事記』に登場する沼河比売（ヌナカワヒメ）とオオクニヌシが結婚し、生まれた子がタケミナカタで、姫川をさかのぼって諏訪に入り、諏訪大社の祭神になったとされる。『先代旧事本紀』では高志沼河姫（コシノヌナカワヒメ）と呼ばれ、『出雲国風土記』では奴奈宜波比売命などと表記される。いずれにせよ、出雲とヒスイ産地との深い関係を物語る。

また、勾玉が瑪瑙製なら、出雲はいまに至るまで瑪瑙の産地として知られ、出雲産の可能性が高い。

名前を使われたスサノヲ

スサノヲは、時代がくだるにつれ神威と神望を高めていったことを先に書いた。それを、さらに裏づける有力な学説をみつけた。

かつて、神宮と言えば伊勢神宮のことだった。同様に、大社とは杵築（きづき）大社（出雲大社）を指したが、ひとつ例外があった。

松江市八雲町熊野に鎮座する熊野大社も、いにしえから大社と呼ばれる古社だ。熊野大社のほうが出雲大社より先に創建されたと伝えられる。

その祭神は、伊邪那伎日真名子（イザナギノヒマナコ）　加夫呂伎熊野大神（カブロギクマノオオカミ）　櫛御氣野命（クシミケヌノミコト）という長い神名をもつ。熊野大社の公式ウェブサイトでも〈この御神名は素戔嗚尊（スサノオノミコト）の別神名であります〉と説明されている。地元の人たちも、スサノヲが祀られていると思っている。

だが、皇學館大学学長だった国文学者・国語学者の西宮一民（にしみやかずたみ）氏は、こう述べている。これは、島根県神社庁公認の学説といえる（『島根の神々』〔島根県神社庁〕巻頭論文「島根の神社ご祭神概説」）。

〈奈良時代には、熊野大社のご祭神は櫛御氣野命で、……出雲国造が奉斎（ほうさい）していたのである〉。ところが、国造が引っ越し杵築大社の奉仕に専念するようになると、〈ご祭神は忘却されていって、（先代）旧事本紀の神代本記に、

建速素戔嗚尊の座す出雲国熊野・杵築神宮

の如く、熊野はスサノヲの命がご祭神だと書かれてしまうことになる。これは、紀州熊野とスサノヲの命との関係よりの連想からというよりも、出雲へ君臨する神と言えばスサノヲの命という

『記・紀』以来の教養によって、旧事本紀の著者はそう書いてしまったものと考える〉

西宮氏は〈その時代、その人によって、ご祭神が変った例〉として右のケースをあげている。〈『記・紀』以来の教養によって〉というのは、筆者に言わせれば、『記・紀』以来のマインド・コントロール、刷り込みによって、という意味だ。ここでの〈教養〉にはやや皮肉が込められ、呪縛とおなじような意味で使われていると思える。

右の文章に〈紀州熊野とスサノヲの命との関係〉という表現がある。それは、スサノヲの原像が、和歌山県和歌山市伊太祁曽にある伊太祁曽（いだきそ）神社の祭神・五十猛命（イタケルノミコト）とされることと関係しているからだろう（参照：大山誠一『神話と天皇』）。

スサノヲは、クシイナダヒメを呪物である櫛に変え、自分の髪「美豆良（みずら）（角髪）」にさしてヲロチを退治した。そのことは、『記・紀』ともに語られている。このエピソードを脳裏に刷り込まれている人びとは、神名に「櫛」がつくと、無意識に櫛→クシイナダヒメ→スサノヲと連想してしまう。これは『記・紀』による明らかな印象操作であり、マインド・コントロールと言える。

西宮一民氏によると、櫛（クシ）は「奇（く）し」または称え言葉という。御氣（ミケ）は御食（ミケ）つまり神へ供える食物のことであり、櫛御氣野命とは、〈尊い（または神秘的な、不思議な）神の食事をととのえる神〉の意となる。

この神名の誤った理解は、ヲロチ退治神話がいかに日本人に浸透しているかを物語る。『記・紀』神話の呪縛そのものだ。

現代でも、毎年、出雲国造が一一月二三日に古伝新嘗祭（しんじょうさい）をおこなう。それにあたり、出雲大社の神職が、熊野大社へ火鑽臼（ひきりうす）と杵（きね）を受け取りに参向する。これは、御食を作るための神聖な発火具一式を渡す神事とされる。

錦田剛志さんによれば、古代、熊野大社の祭神は出雲国造家が奉斎する大神で、杵築大社（出雲大社）と同格、もしくはそれより上位に位置づけられていた。現代でも、熊野大社は出雲国一の宮とされる。

スサノヲは、『記・紀』神話のなかでヲロチを退治し、英雄神になった。そして、現代でも人びとに尊崇されている。

スサノヲとオオクニヌシ

〈八百万の神々の中でも、特に謎の多い神様・素戔嗚尊。この神様の素性さえわかれば、真の古代史の大筋が見えてくるのではないか……そんな風にも思えてくるのです〉（藤井勝彦『日本神話の迷宮』天夢人　二〇二〇年）

スサノヲとは、何なのか。〈第一章〉で述べたように、そのモデルは出雲または紀伊の農林業指導者だったと思われる。『記・紀』の編纂者らは、そのモデルにきわめて破天荒なキャラクターを盛った。高天原から出雲、そして根の堅州(かたす)の国を舞台に、大暴れさせ、あるいは、大活躍させた。

くり返すが、スサノヲが初めて登場する文献は『古事記』で、それにつづくのが『日本書紀』だ。その編纂者らがあのようなキャラクターにした、と筆者は思う。

『古事記』には、オホナムヂ（オオクニヌシ）が兄である八十神(やそがみ)にいじめられ、根の堅州の国の主となっていたスサノヲのもとに避難するくだりがある。しかし、ここでオホナムヂはスサノヲから、命にかかわるいくつかの試煉を受ける。そこで、オホナムヂはスサノヲの娘スセリビメを連れ、スサノヲの神宝である生太刀と生弓矢などを持って遠くへ逃げる。

〈スサノヲは、葦原の中つ国につながる黄泉つ平坂まで追って行っての、ようようにはるか遠くにふたりの姿を望み見て、オホナムヂに呼びかけたのじゃ。

その、お前の持っている生太刀と生弓矢とをもって、そなたの腹違いの兄どもや弟どもを、坂の尾根まで追いつめ、また、河の瀬までも追い払い、おのれが葦原の中つ国を統べ治めてオホクニヌシとなり、また、ウツクシニタマとなりて、そこにいるわが娘スセリビメを正妻として、宇迦の山のふもとに、土深く掘りさげて底の磐根に届くまで宮柱を太々と突き立て、高天原に届くまでに屋の上のヒギを高々と聳やかして住まうのだ、この奴め。

そこで、オホナムヂはその生太刀と生弓矢とをもって、八十の神がみを追い払い遠ざけての、坂の屋根ごとに追いつめ、河の瀬ごとに追い払うて、葦原の中つ国を統べ治め、はじめて国を作りたもうたのじゃ。

こうしてオホナムヂはの、スサノヲにもろうたオホクニヌシの名のとおりに、葦原の中つ国の主になりたもうたのよ〉（三浦佑之訳）

ここでは、生太刀と生弓矢が国を統べるレガリアつまり、天皇家の三種の神器のようになっている。ヒギ（氷木）は千木のことだ。

スサノヲがオオクニヌシ（大国主）という尊称を口にしたエピソードは、『古事記』にしかなく、『日本書紀』では主として大己貴神と呼ばれる。

スサノヲとオオクニヌシが『記・紀』でどう描かれているかは、先にふれた三浦佑之氏による

「『古事記』上巻と『日本書紀』巻一・二　構成対照表」（二〇五ページ）をみると、じつによくわかる。

『記・紀』神話の起承転結　持ち上げられ葬られたオオクニヌシ

この「構成対照表」をみて、『記・紀』に共通するエピソード、つまり『記・紀』がもっとも伝えたかったことが読み取れる。

〈Aイザナキとイザナミ〉が国を作ったことを起承転結の**起**とし、〈Bアマテラスとスサノヲ〉を**承**とし、〈Cヲロチ退治&E出雲制圧〉を**転**、そして〈F地上に降りた天つ神〉の**結**すなわち天孫降臨がヤマト王権へとつながる。

筆者が本書で焦点を当てたのは、**転**のCだ。スサノヲはオオクニヌシに対し〈この国を統治して大国主になり、高々とした宮に住め〉と最大限に持ち上げる。そのいっぽうで、ヲロチ退治によってオオクニヌシを葬り去る。そのストーリーでは、時系列が逆転する。時系列アリバイのトリックはすでに破った。

そう推理すると、日本語のちょっと不思議な言葉「ほめ殺し」が連想される。この言葉は、本来、必要以上にほめちぎることで、かえって相手をひやかしたりけなしたりすることだ。

『記・紀』神話は、オオクニヌシをほめ、そして、文字通り殺した。多面的で矛盾するキャラクターをもつスサノヲこそ、その微妙な重大ミッションを与えられた神だったと言えるのではないか。

大国主という呼び方は、日本国民にすっかり定着している。それは日本が「大東亜戦争」と呼んできたのを、ＧＨＱが「太平洋戦争」という呼称で統制し定着させたのとおなじだ。つまり、マインド・コントロールの結果だった。

『古事記』によく出てくる大国主神という尊称は、この国を偉大な神からヤマト王権が譲り受けた、と正統性をアピールするために他ならないだろう。大国主は偉大なクニのヌシであり、『記・紀』神話におけるイザナキ、イザナミともちがい、この地上の生産社会を造った神ということだ。

ちなみに、現代でよく使われる「大国主命」という呼び方は『記・紀』にはない。

歴史の闇の森

石見の物部神社の鰹木（かつおぎ）にある菊の紋章を妻がみつけなかったら、リーフレットにあった韴霊（ふつのみたま）の剣を追ってここまでくることはなかっただろう。菊の紋章と韴霊が直接つながったわけではないが、大きなきっかけにはなった。古代出雲について本を書こうと思いつづけてはいながら、その切り口がみつけられないときだった。韴霊という見慣れない言葉をリーフレットにみつけ、これは何だろう、とネットをつうじて吉備の郷土史家らにコンタクトした。そして、情報や参考文献を入手し、さぐりつづけてきた。

いま思えば、切り口というより、ドラえもんの「どこでもドア」を開いて、歴史の闇の森へ入り込むような感じだった。


【コラム】出雲制圧の時期を示す四つの事象

出雲は国譲りしたのではなく制圧されたとする識者が、近年、複数いることを先に書いた。だが、その時期について、考古学上の物的証拠をあげ論述しているケースを筆者は寡聞にして知らない。では、いつ制圧されたのか、あらためて論じてみる。

出雲歴博に、次のような表示のつけられた剣が展示されていた。

〈柄頭（つかがしら）がわざと切られた大刀　安来市　宮山Ⅳ号墓　弥生時代（3世紀前半）〉

島根県安来（やすぎ）市は、先述のように出雲国の東端に位置する。大刀は相当錆びている。注目されるのはこの剣が内反りにみえることだ。つまり、石上神宮に祀られるタケミカヅチの布都御魂（フツノミタマ）＝韴霊とおなじで、反りの内側に刃がついていたのだろう。そして、三世紀前半の剣とされている。

出雲歴博にメールで問い合わせると、ひじょうにていねいな回答がきた。それをまとめると、次のようになる。

まず、古墳時代のはじまりは、卑弥呼の墓と考えられる箸墓（はしはか）古墳の年代から、三世紀中ごろと推定されている。宮山Ⅳ号墓からみつかった土器は、これまでの土器編年の研究にもとづき、古墳時代に至る弥生時代終末期に位置づけられる。

宮山Ⅳ号墓は、方形の四隅の突出部が大きく発達した、島根県内でももっとも新しい段階の弥生時代終末期ころの四隅突出型墳丘墓の特徴をもつ。

出土品は、やや内反りを呈した鉄製の「大刀（たち）」で、全長六九・四センチメートル、刀身は五四・六センチメートルある。刀身が内反りしているのに加えて、茎部（けいぶ）が幅広の直茎（ちょっけい）で、茎長が比較的短いといった特徴を持つものは、古墳時代前期の直刀（じきとう）の特徴に共通するという説がある。

柄頭がわざと切られた理由の背景については、弥生時代に北部九州へ大量に流入した内反り比率が高い素環頭大刀（そかんとうたち）をそのまま副葬品として受容するのではなく、環頭を切断または環頭を覆うなど新たな拵（こしら）えにつけ替え、非・北部九州的威信財として副葬したことが推定される。

右の説明にある〈非・北部九州的威信財として〉とは、北部九州からの大刀ではあるが、出雲国のものとすべく加工して副葬したという意味だろう。

これで、出雲制圧が三世紀半ばころと推定できる可能性のある事象が、四つそろったように思う。

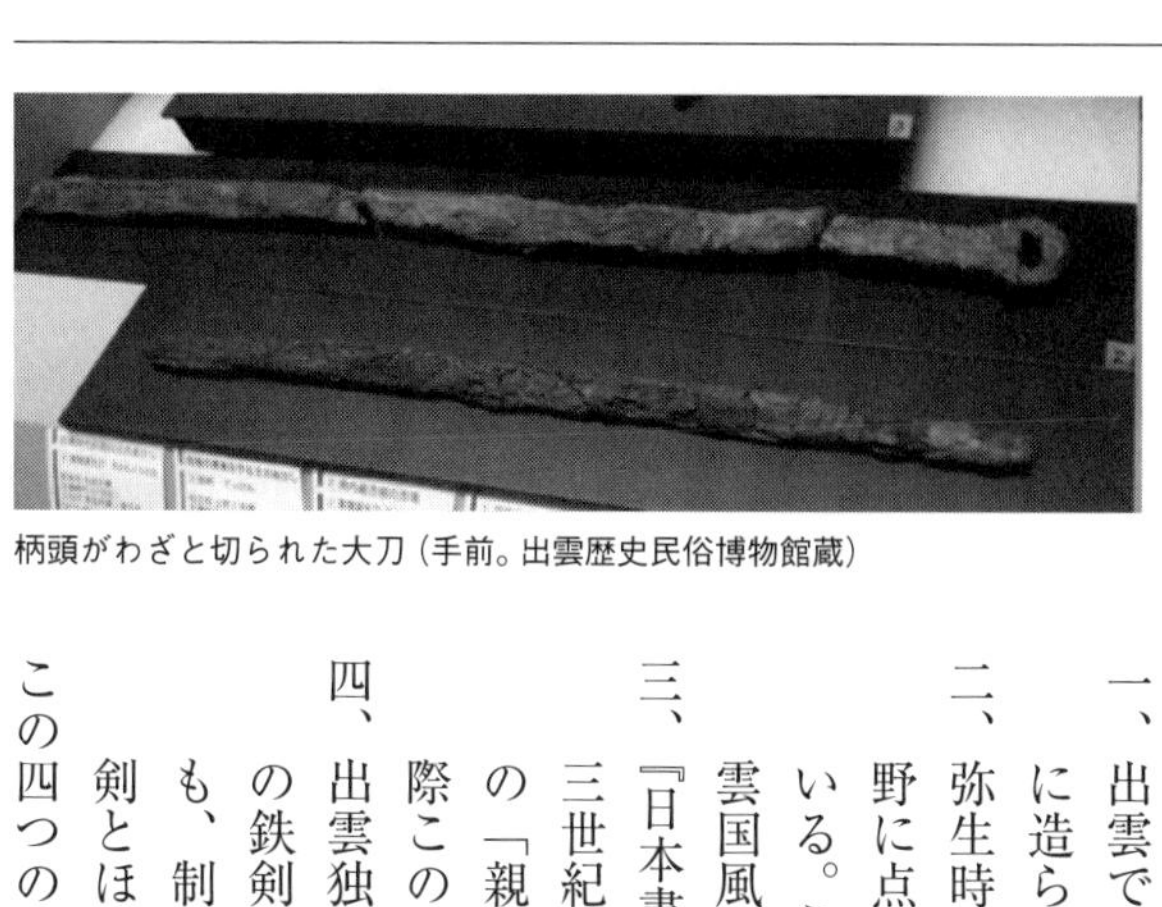
柄頭がわざと切られた大刀（手前。出雲歴史民俗博物館蔵）

一、出雲では、四隅突出型墳丘墓が、三世紀半ばころ、とつぜんのように造られなくなった。

二、弥生時代の後期から古墳時代前期、つまり三世紀半ば前後、出雲平野に点在していた集落の多くが、急速に衰退した遺跡が発掘されている。このころ、大量の難民が発生したためか、約五〇〇年後の『出雲国風土記』にある出雲の戸数が不自然に少ない。

三、『日本書紀』によると、オオモノヌシの「子」とされる大田田根子が、三世紀後半とみられる崇神朝に登場し、疫病を鎮める。つまり、その「親」であるオオモノヌシ＝オオクニヌシの人物モデルが制圧の際この世からいなくなったのは、三世紀半ばころと推定できる。

四、出雲独特の四隅突出型墳丘墓である宮山Ⅳ号墓から出土した内反りの鉄剣は、弥生時代終末期つまり三世紀前半のもので、年代も形状も、制圧時にタケミナカタがもっていたとされる布都御魂剣＝韴霊剣とほぼおなじとみられる。

この四つの〝あわせ技〟で、制圧時期をほぼ特定する証拠一本としたい。

——出雲制圧は、弥生時代から古墳時代へ移るまさにそのときだった。古代出雲王国は、長くつづいた弥生時代の掉尾（とうび）を飾ったとも言えるだろう。

第九章　神無月(かんなづき)とは「神の月」

〈ヲロチ退治の秘密〉をすでに明らかにした。のこされた出雲の謎はまだある。旧暦一〇月、八百万(やおよろず)の神々が出雲に集まり、全国的に「神無月(かんなづき)」とされるのに対し、出雲だけは「神在月(かみありつき)」と呼ぶ。

令和三年一一月一四日（旧暦一〇月一〇日）、出雲地方では貴重な小春日にめぐまれた。大社湾に夕日が沈んでから、ほぼ二時間後だった。稲佐(いなさ)の浜では、波の音にまじって笛と太鼓が鳴り響き、「神迎え祭」がはじまった。

筆者夫婦や多くの参拝客が遠巻きにみつめるなか、榊(さかき)と紙垂(しで)で整えられた神々が宿る神籬(ひもろぎ)と龍蛇(りゅうじゃ)神(しん)の祭壇が、かがり火に照らされる。神職が祝詞をあげて海を渡ってくる八百万の神々を迎える。神籬に遷った神々は、絹垣(きぬかき)に囲まれ、神職などの行列とともに出雲大社へと向かう。いにしえから、好天でも悪天でも、神迎え祭はえんえんとつづいてきた。こうして、出雲での神在月がはじまり、全国から善男善女が出雲に集う。

この神在月の謎を探ってみる。

物部神社での鎮魂

石見に鎮座する物部神社の本殿には客座と呼ばれるところがあり、鎮魂八神（たましずめやはしらのかみ）が祀られている。そのうちの一柱は、オオクニヌシの子コトシロヌシで、出雲制圧のときに美保沖の海に入水した。境内末社のひとつ恵比寿神社にも、オオクニヌシとコトシロヌシが祀られている。

一定の規模がある神社には、摂社や末社があり、系統のちがう神を祀ることはある。だが、物部神社では意味合いがちょっとちがうように思われる。

中田宮司は言葉の端でこう語っていた。

「（この神社でおこなう）鎮魂の一部には、死者の霊を弔うこともふくまれています」

やはり、出雲の神々を弔う目的もあるのではないか。そもそも、鎮魂の「魂」を語るとき、生者の魂か死者の魂かは意味をなさないかもしれない。

物部氏や宮中などの鎮魂祭（みたましずめのまつり）は、神武即位のときのウマシマジ以来、生きとし生けるものの魂を慰撫するためとされてきた。それが淵源ではあるだろう。

しかし、『記・紀』で（オオクニヌシの暗喩（あんゆ）である）ヲロチを退治した神話をつづり、律令体制を通じ民衆にも周知徹底した。その物語は、タケミカヅチ、フツヌシらによる出雲制圧の仮託であり呪術だった。

それに反発するオオクニヌシの怨霊をはじめ、出雲の神々の霊を鎮めるためにおこなわれるのが、鎮魂祭の目的のひとつではないのかと思われる。

だが、このもうひとつの目的は、いつのまにか忘却され、いま強調されることはない。

お忌（い）みさん　お忌み荒れ

旧暦一〇月、出雲では、神さまの大集合を「神集（つど）い」と呼ぶこともある。全国各地の神社に鎮座する神々は、ふだんはテレパシーでリモート会話（チャット）しているのだろうから、神集いは〃神さまたちのオフ会〃とも言える。

この不思議で壮大な風習というか神事は、文献上、一一二四～一一四四年のあいだに成立した藤原清輔（きよすけ）著の歌学書『奥義抄（おうぎしょう）』（全三巻）に初めてみえるとされる。次の有名な文章があり、よく原文のまま現代語訳なしで引用される。

〈十月　神無月　天（あめ）の下のもろもろの神　出雲国にゆきてこの国に神なきゆゑにかみなし月といふをあやまれり〉

その現代語訳は後述する。神無月という言葉については、高校の古文の時間に、『徒然草（つれづれぐさ）』第十一段「神無月のころ」で習った人も多いだろう。この随筆は、一四世紀半ばころまとめられたとされている。

出雲大社では、旧暦一〇月一〇日から一七日に「神在祭（かみありさい）」がおこなわれる。なぜか「御忌祭（おいみさい）」とも呼ぶ。

この時期、他府県からも、異性との縁結び、仕事などでの縁結びを求め、出雲大社をはじめ関連神事がおこなわれる九つの神社へ参拝する人は多い。県外からの参拝客は、お祭りだからさぞやにぎやかだろうと予想してくるかもしれない。

だが、大鳥居から出雲大社へむかう門前町「神門（しんもん）通り」でさえ、いやに静かで落ち着いた雰囲氣に包まれる。

八百万の神々が出雲地方にいる「神集い」のあいだを、地元では「お忌みさん」と呼ぶ。この時期の出雲は天候が荒れやすく、「お忌み荒れ」という言葉もある。

「神さまの邪魔をしないよう、心静かに忌み謹んで暮らす風習はいまでものこっています。かつては、家や道路の普請など建築、土木工事をはじめ、歌舞音曲や家のまわりの掃除さえ遠慮する『物忌み』をしていました」

ふだんジョーク好きだが珍しくまじめにこう語る錦田剛志さんは、神職だけに、それが「神々に近づくための心がまえと作法です」とする。それは、出雲の人たちの共通認識ともなっている。

『大漢和辞典』には「忌」として［おそれる］［おそれはばかる］［さける］などの意があげられている。神集いに際し、神々や神官らだけでなく、地元民までにぎやかにするのを［おそれはばかる］のが、出雲大社のお膝元では風習となっている。

だが、そういう意味での「物忌み」で、出雲での風習と神事の深意・真意を説明できるだろうか。

〈物忌〉について、『国語大辞典』（小学館）にはこうある。

［神事や法会などに関係する者が、ある期間、酒肉、五辛などの飲食物や肉欲などを断ち、沐浴するなどして身心の穢れを除き去ること。潔斎、斎戒］。

江戸時代の国学者・本居宣長は、「ものいみ」に「斎」という字を当てている。古代には忌部連、斎部連という姓があり、どちらも「いんべのむらじ」と読んだ。現代でも、地鎮祭のときなどに、忌竹と呼ばれる青竹を四本立てて注連縄を張りめぐらせ、そのなかで祭事をおこなうことがある。その忌竹は斎竹と書くこともある。

つまり、忌と斎はおなじようにもちいられ、祭事・神事、弔事どちらにも使われてきたようだ。というより、祭事・神事と弔事は、もともと区別されていなかったのかもしれない。

出雲での「お忌みさん」は、いまの地元では祭事・神事として理解されている。だが、後述のように、弔事の意味が込められてもいるのではないだろうか。そうでなくては、歌舞音曲なども排した静寂のなかで神々を迎えるのが不自然に思える。

神在月三つの疑問

出雲にかぎられる神在月について、少なくとも三つの疑問がわく。

一、なぜ、出雲なのか
二、なぜ、八百万の神々が集うのか
三、なぜ、旧暦一〇月なのか

出雲歴博の品川知彦（としひこ）氏は、「神々はなぜ出雲に集うのか」という論文を書いている。それによると、四つの説があるそうだ。（『神々集う出雲の國　神在月』所収　山陰中央新報社　二〇一七年）。

a陰陽説　極陰のとき極陰の場所にすべての陽が集まることによって、世界が再生するという考え方だ。一〇月の出雲がそれにあたり、すべての神（陽）が集まるのは必然とする。

b一〇月支配説　中世から江戸時代前期までのざっと五〇〇年間、出雲大社の主祭神はオオクニヌシではなくスサノヲと考えられていた。品川氏はこう書く。〈少なくとも近世初め、おそらく中世においても、出雲大社はスサノヲが十月を支配していることを神集いの理由として考えていたと思われる〉

c下知説　幽事を治めるオオクニヌシに下知(げち)を受けるため神々が集まるとする。（木佐注：幽事とは、目に見えないこと、人間の能力では把握できないこと、下知とは、上から下へ指図することをいう）

dイザナミの法事説　一〇月に出雲で崩御した祖神イザナミの法事のため、神々が集うとする。

筆者は、「忌」という語を使う出雲の口承にこだわり、これらいずれの説もちがうのではないかと思う。

『大漢和辞典』（大修館）には、「忌（いみ）」として［陰陽家が凶としてさけていましめる方位日時］、『国語大辞典』にも［陰陽道などに基づく方角や日の禁忌。物忌］とある。**a陰陽説**で言う神（陽）が集まる場所のぎゃくとなる。むしろ、陽の神々が集まるのなら、うんとにぎやかに迎えるべきではないか。

日本の神々は、アマテラスの「天岩戸開き」神話などにみるように、にぎやかなのが大好きなはずだ。おなじ多神教のヒンドゥー教寺院では、スピーカーで大音響の音楽を鳴り響かせる。それと日本の神道はちがうにしても、神社に笛や太鼓は欠かせない。石見地方でとくに盛んな神事芸能「神楽(かぐら)」などはその典型だ。

先述のように、銅鐸にはもともと「舌(ぜつ)」と呼ばれるものが付属していて、それで銅鐸を打ち鳴らしていた。それが、原初の鳴り物であり神の前での演奏だったのだろう。

宮内庁の公式ウェブサイトなどによると、神楽歌(かぐらうた)・大和歌・久米(くめ)歌などの歌舞は、少なくとも上代つまり奈良時代からあった。五世紀ごろには、古代アジア大陸諸国の音楽と舞が仏教文化の渡来と前後して日本に伝わり、ほぼ一〇世紀に完成した。

したがって、神集いがおこなわれるようになった時代には、宮中のほか各地の神事でも歌舞音曲があった。神在月の出雲にそれを避ける伝統があったのは不自然ではないか。

「忌（いみ）」は、『大漢和辞典』に［親が死んだ日に相當する年毎の日。命日］、『国語大辞典』に［死のけがれに対する禁忌。人の死後、喪にこもること］ともある。それを考えると、dイザナミの**法事説**に当てはまりそうだ。

『古事記』によれば、イザナミは〈出雲国と伯伎国との境の比婆山〉に葬られた。松江市東出雲町揖屋にある揖屋神社の祭神がイザナミとされる。だが、三浦佑之氏はこう書いている。〈揖屋神社の祭神が元からイザナミであったかというと、どうも疑わしい。『雲陽誌』によれば、揖屋大明神の祭神は大己貴命である〉（『朝日新聞』二〇二〇年四月二四日島根版）。

『雲陽誌』は、享保二年（一七一七年）に完成した一種の地誌で、揖屋神社の祭神はオオナムチつまりオオクニヌシだとするわけだ。神社の祭神は、替わることがしばしばある。

先にもふれた信頼性の高い島根県神社庁編『島根の神々』によると、イザナミを祀る神社は一八一社で、オオクニヌシ（同一神とされるオオモノヌシなどをふくむ）の四五五社と比べようもない。イザナミは、かつて出雲国意宇郡にあった出雲国造ゆかりの「意宇六社」とまとめて呼ばれる古社群などを中心に祀られている。

そのイザナミに、全国の神々を集めるほどの神威・神徳、いま風にいえば、全国的な人氣度・知名度があったとは思えない。後述するように、民俗学研究によれば、神在月には、近代においても、北は青森県から南は鹿児島県までの神々が出雲へ参集する伝承が流布している。だから、このdイザナミの**法事説**も当てはまらないだろう。

スサノヲが司る月

b 一〇月支配説について、もう少し詳しく品川氏の文章を引用する。

〈スサノヲが十月を支配しているという記述は『古今和歌集』序の注釈書などに散見される。例えば、『古今和歌集序聞書三流抄』には、高天原で数々の所業を行ったスサノヲをなだめるために、アマテラスがスサノヲを養子とし十月をスサノヲに譲ったために、神々は出雲に行くようになったと記されている。……少なくとも近世初め、おそらく中世においても、出雲大社はスサノヲが十月を支配していることを神集いの理由として考えていたと思われる〉

これはいったい、何の話か。アマテラスがスサノヲを養子にしたことも、一〇月をスサノヲに譲ったことも『記・紀』には記されていない。島根・郷土資料室に、島根大学名誉教授・井上寛司(ひろし)氏が執筆した論文のコピーを郵送してもらった。それには中世のスサノヲ論が詳しく述べられている。〈『古今和歌集序聞書三流抄』や『古今和歌集註』は、アマテラスがスサノヲの悪行をなだめるため、これを養子として一年のうちの一〇月を譲り、日本国の諸神を従えて出雲の大社に行くことになったという。また『古今和歌集頓阿序註』は、追放されたスサノヲが出雲国を領有し、一〇月を司るため、一〇月には諸神が出雲に集まるのだという。これに対し「神祇官」は、スサノヲから(天叢雲)剣を献上されたアマテラスが、それへの感謝の氣持ちから一〇月をスサノヲに与え、これにより出雲では一〇月を神有月(原文ママ)と呼ぶようになったとする〉(「『出雲神話』における古代と中世」『出雲古代史研究』第10号所収　二〇〇〇年)

スサノヲが一〇月を〈支配する〉〈譲られる〉〈司る〉〈与えられる〉とかは、何を意味するのだろうか。それにあわせて、全国から神々が出雲に集うとは何のことか。なぜ、一〇月なのか。

井上論文によると、従来から、古代と中世でまったく内容のちがう出雲神話が存在することが指摘されてきた。その相違の中心にあるのは、杵築大社の祭神がオオナムチからスサノヲに転換したことだという。

祭神の転換は、神仏習合が盛んだった中世にあって、〈杵築大社と鰐淵山（後の浮浪山鰐淵寺。一二世紀後半に成立）との一体的な関係の成立〉があったと井上氏は指摘する。しかし、井上氏はおなじ論文で、おそらく一一世紀ごろまでには、スサノヲ祭神説は成立していたとし、全国の神々が出雲へ集まるようになったことについて、こう記す。

〈古代のオオナムチに代わって地祇（国つ神）初代のスサノヲが出雲国の祖神＝杵築大社の祭神とされたことが、こうした考えを生み出す直接的な要因であったと考えられる〉

だが、スサノヲが出雲の祖神だからといって、全国の神々が集まってくるのは不自然だ。全国の祖神としては、国を生んだイザナキとイザナミ、あるいは皇祖神アマテラスとするのがふつうだろう。もっと他に理由があったのではないか。

井上論文によると、中世の文献にはオオナムチがスサノヲの「子」だとするものが圧倒的に多いといい、『日本書紀』正伝によるマインド・コントロールの影響がうかがえる。

そのいっぽうで、論文には〈諸記録がほぼ共通してこれを強調している〉というくだりもある。その強調点をわかりやすく説明するとつぎの三つとなる。
☆ヲロチ退治
☆ヲロチの尾から出てきた天叢雲剣のアマテラスへの献上

☆伝スサノヲ作の「八雲立つ……」の和歌

これらは、『記・紀』神話でセットとなっているものだ。ここから浮かび上がってくる仮説を打ち出すことにする。

旧暦一〇月は、スサノヲによってヲロチ退治がおこなわれたとき、つまり、タケミカヅチらによる出雲の制圧が完了したときではないのか。

『古今和歌集頓阿序註』で、追放されたスサノヲが出雲国を領有しこの月を司るとされること、『神祇官』で、スサノヲから〈天叢雲〉剣をアマテラスに献上したのがこの月とされること――が根拠となる。

もちろん、一〇月がヲロチ退治＝出雲制圧のときとする仮説は状況証拠しかなく《カテゴリーb史実とは言い切れないもの》だ。とはいえ、なぜ一〇月かという謎にはじゅうぶんに答えるものではないか。

『古今和歌集』は、先述のように、九一三～九一四年ごろに成立したと考えられている。それに対し、たとえば、『古今和歌集註』は治承年間（一一七七～八一年）ごろの作とされ、二七〇年ちかくのちだ。

『古今和歌集』序の註釈書類の執筆者らは、『記・紀』成立から四〇〇年以上経った時点で、スサノヲをクローズアップする新たな神話を創作したのだろうか。そうでないとすれば、〈ヲロチ退治の秘密〉をぼんやりとでも言い伝えとして知っていたのではないか。

古代から中世にかけては、現代のようにメディアが乱立し、IT機器が極度に発達して情報が飛び交うような時代ではなかった。時間の観念も大きくちがっていた。

『記・紀』神話に秘められていたのは、スサノヲがヲロチを倒し（すなわち出雲を制圧し）ヤマト王権の正当性・正統性を確立する功績をあげるというストーリーだった。そのことは、一種の禁忌（タブー）として文献につづられることはなかったが、口伝は細々とでもつづいていたのではないか。

そう推理すると、ヲロチ退治＝出雲制圧一〇月仮説は、《カテゴリーb　史実とは言い切れないこと》から《カテゴリーa　史実の可能性が高いもの》に接近する可能性さえ出てくるように思う。

ここに至り、なぜ、出雲で神集いするのかという疑問にもおのずから答えが生まれる。ヲロチ退治はヤマト王権の正当性・正統性を確立した功績を示すものだったから、呪術としてスサノヲの偉大な功績と徳をたたえるべく集まるのだと言える。

美保神社の諸手船神事（一般社団法人松江観光協会提供）

出雲制圧劇にかかった時間

神話によれば、出雲制圧（国譲り）のとき、オオクニヌシは美保関沖にいたコトシロヌシに使者を送る。出雲国の島根半島北東端にあたる松江市美保（みほのせき）関町の美保神社では、その故事にならい「諸手船（もろたぶね）神事」がいまに伝わる。古代の装束をまとった九人の男性氏子たちが二隻の船に乗り込み、「ヤア、ヤアッ」と威勢良く声をかけながら美保関港内を往復し、着岸するやいなや、櫂（かい）でたがいに海水をかけ合う。

現代では、毎年一二月三日におこなわれる。美保神社に取材すると、新暦のその日におこなうのは明治以降のことで、江戸時代までは旧暦一一月の午（うま）の日とされていたという。少なくとも江戸初期にはこの神事の記録があるものの、なぜその日だったか理由はわからないそうだ。

おなじく美保神社で、コトシロヌシがみずから海中に隠れた神話にちなむ青柴垣（あおふしがき）神事は、毎年四月七日に挙行される。これもかつては、旧暦三月三日の桃の節句におこなわれていたという。

船漕ぎ競争は各地にあり、諸手船神事もそのひとつで『記・紀』神話と結びつけられたのはそう古いことではなく江戸後期以後という説もある（和歌森太郎氏など）。だが、青柴垣神事については、後世に創作されたものというより、出雲制圧に由緒があるとみるのが自然に思える。

律令国家が、たとえば、スサノヲの「神蹟造り」を奨励したのと異なって、コトシロヌシの入水は出雲国で起きた悲劇であり、誰かが積極的にアピールするたぐいの話ではない。この神事は鎮魂・慰霊のためだろう。

やはり、このふたつの出雲で有名な神事の本来の期日は、それなりに理由があったのではないか。ここからは推理だ。物部神社の中田（なかだ）宮司が、こんなことを言っていたのを思い出した。

「神事には由緒があり、日程を少しずらすことはあっても、季節を変えることはふつうありえないです」

オオクニヌシからの知らせが船で美保にとどいたのが旧暦一一月ごろで、コトシロヌシが入水したのが翌年の旧暦三月初めごろだったのではないか。案外、《カテゴリーa　史実の可能性が高いもの》かもしれない。

制圧は、短時日で成し遂げられるほど容易ではなかったはずだ。『古事記』によれば、タケミナカタは信濃国まで逃走したとされ、制圧部隊はそれを追っていった。タケミカヅチ指揮下の制圧が完了したのを旧暦一〇月とすると、少なくとも一年をかけて制圧劇が展開されたことになる。

その大混乱のなかで、多くの出雲族が難民となり東北へと逃れたのだろうか。

荒ぶる神スサノヲの季節

井上論文は、神集いの背景についてこう述べる。

〈中世杵築大社の祭神＝スサノヲ説がまず在地（出雲）において形成され定着し、それが中央及び全国各地に広まっていったという基本過程を想定することができる〉

スサノヲ主祭神説が出雲発で全国に広まったのは、平清盛が平氏政権を樹立するころのことだ。公家から武家へ、社会の中心が移っていく時代だった。

錦田剛志さんはこう語る。

「平和主義者のオオクニヌシより、荒ぶる神であるスサノヲが崇（あが）められたのがあの時代だったのでは」

出雲大社の主祭神が交代したことについて、オオナムチに対する古代以来の出雲での信仰基盤が薄かったため、とみる専門家も一部にいる。しかし、中世の文献にオオナムチはスサノヲの子だとするものが圧倒的に多い以上、この大神が尊崇されていたのはたしかだ。

神仏習合により出雲大社を管理する神宮寺だった鰐淵寺（がくえんじ）（出雲市別所町）が、仏教系の中世出雲神話でスサノヲが国造りをしたとされることから、主祭神をスサノヲとしたとの説もある。

だが、主祭神の交代は、オオナムチがあまりにも流血を好まないがゆえに、武力をアイデンティティーとする武士階級に重んじられなかったから、と考える錦田説にも説得力がある。

神がいないのなら「無神月」

能登の氣多大社の三井孝秀宮司に「神無月には、謎がいろいろあるんです」と話した。すると、「知り合いの専門家に聞いてみましょう」と答え、後日、ある専門家から聞いた話を、親切にもメールで伝えてくれた。その匿名の専門家は、こういう見解だったという。

「神無月の『無』という字は平安時代から使われている。『な』は連体助詞で『〜の』という意味であり、『**神の月**』ということだ。たとえば、旧暦六月を水無月（みなつき）というのも『水の月』を意味する。梅雨の雨が田に降り注いで、この月は水田に水が張られ、田植えがおこなわれる。『神の月』も秋祭の季節だからそう呼ぶ。出雲が神さまを集めているのも神さまの月だからだ。出雲の神在祭を江戸期に出雲の御師（おし）が、神道教化をやり過ぎてしまい、村の神さまはお留守だと言いはじめた。神がいないのなら「**無神月**」というべきだ」

江戸時代、伊勢神宮や出雲大社などでは、営業マンとして全国各地に御師を派遣し、布教活動に力を入れた。

筆者自身、「神さまがいない月」をひと言で「神無月」と言い表すのだろうと思い、疑問をもっていなかった。しかしたとえば、イチジクは漢語で「無花果」と書く。花を咲かせないで実をつけるようにみえることから、とされる。「花無果」ではない。神がいない月という意味なら、文法的に正しくは「無神月」だとするのはうなずける。

三井宮司のメールを読んで、目からウロコが落ちた。

ただ、旧暦一〇月が秋祭りの季節だから神の月と呼ぶという説はどうだろうか。この月には、後述するように、全国各地の神々が出雲へ集まり地元に神がいなくなるとされている。祭りの時期ではあるが神が出雲へ行き地元にいなくなる風習が各地に生まれた、というのは不自然に思える。やはり、神の月とされるのは別の理由があるからだと思える。

では、権威ある『日本国語大辞典』で、神無月はどう説明されているのか。

［かみなづき〈神無月〉（「な」は「の」の意で、「神の月」すなわち、神祭りの月の意か。俗説には、全国の神々が出雲大社に集まって、諸国が「神無しになる月」だからという）陰暦一〇月のこと。かんなづき。かみなしづき。かみなかりづき。《季・冬》］

辞典のこの項では用例として、［『日本書紀』雄略天皇即位前（前田本訓）「孟冬（カムナツキ）の作陰（すす）しき月（つき）」］などがあげられている。どうやら、この言葉は『日本書紀』までさかのぼることになる。

ウィキペディア日本語版は、この辞典を引用する形で記述されている。

神無月の反対語として創られたと思われる神在月という言葉も、中世あるいは近世の比較的新しいものかもしれない。

やはり、神無月は神の月の意味だとの説が有力だと考えられる。じっさい、『デジタル大辞泉』など各辞書でも、その説が「有力」と説明されている。だが、なぜ旧暦一〇月が神の月なのか、その説明をした辞書はみあたらなかった。

神無月は神のいない月だとする解釈が一般にも広まった。あるいは、意図的に広められた。先にふれた『奥義抄』の一節は、次のように解釈できるだろう。

〈一〇月　神無月。天の下のすべての神々が出雲国へ行ってこの国に神がいなくなるので「かみなしづき」といったのを「神無月＝かみなづき」と誤って表記した〉（木佐訳）
（原文：十月　神無月　天の下のもろもろの神　出雲国にゆきてこの国に神なきゆゑにかみなし月といふをあやまれり）

ここにつづられた、神のいない月を神無月とするのはまちがいだ、とあるのはもっともだと言える。だが、ことの順番はぎゃくではないか。神の月を意味する神無月という言葉がまず生まれ、その意味が、意図的かどうかはともかく、誤って広まり、神のいない月と受けとめられたのではないか。じっさい、全国の神々が出雲へ集まり地元を留守にすると考えられたため、誤解が広まりやすい素地があったかもしれない。

いま、「神の月」をネット検索すると〈「紙の月」ではありませんか？〉などと表示される。『紙の月』は角田光代氏の小説のタイトルで映画やドラマにもなったそうだ。神の月説は、人口にまったく膾炙していない。その意味が誰にもわからないからかもしれない。

旧暦一〇月が神の月だとして、全国の多くの神々が出雲へ集まるのはなぜか。しかも、この月のころは、各地の神社で秋祭や新嘗祭がおこなわれ、神さまたちは多忙なはずだ。その時期にわざわざ神集いをするのは、本来、よほどその時期に必然性があるからだろうと推測できる。

神の月の「神」とは一義的にスサノヲであり、神々が出雲へ参集するのは王権（朝廷）の意向もあったのではないか。『記・紀』神話にもとづき、スサノヲのヲロチ退治を顕彰するために。

先に、全国各地の神社で、もとはオオクニヌシ（オオナムチ）が主祭神だったのに、いつからかスサノヲに代わっているケースについてふれた。それにも、律令国家体制の意向やマインド・コン

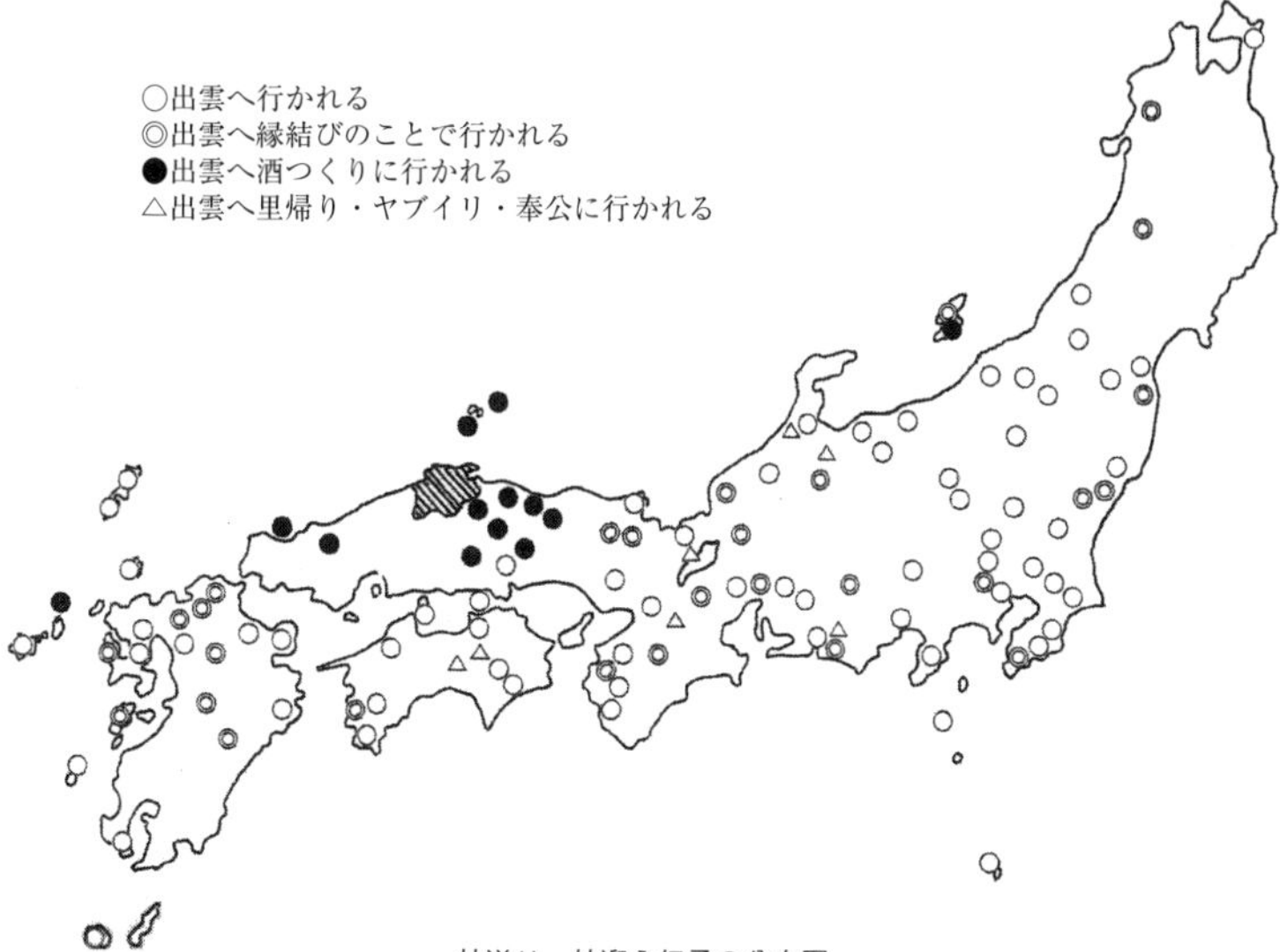

神送り・神迎え伝承の分布図

トロールが関係しているのではないか。

出雲市出身の民俗学者だった石塚尊俊(たかとし)・山陰民俗学会名誉会長は、神集いの目的として、縁結び、酒造り、会合などをあげ、列島地図に分布を示したうえでこう述べている。これは近世以降を対象とした考察と思われる(『神去来』慶友社　一九九五年)。

〈神々が出雲へ行かれるということを、単に行くとか帰るとかいうのでなく、ノボリ・クダリという言葉で伝えている所がある〉

〈すでに出雲という、天空ならざる地上の地名を掲げる時代になっていながら、そことの往来をやはりこのノボリ・クダリという言葉で表現してあやしまなかったということは、そこに出雲という土地に対する信仰の深さを感得せずにはおれない〉

陰の主役はオオクニヌシ

出雲で神集いがおこなわれるようになった時

代を特定はできない。だが、「お忌みさん」と呼ぶその用語のルーツが『記・紀』神話までさかのぼれる可能性は、捨てきれないのではないかと思う。

筆者の仮説によれば、ヲロチ退治＝出雲制圧とは、オオクニヌシの死をも意味する。

神々が出雲へ参集するのは、表向きはスサノヲを称えるためであっても、本来は、やはりオオクニヌシの死を悼み、「八百万の神々も神職も民衆も、喪にこもり鎮魂する「**忌**み」のためではないのか。焦点を、スサノヲに当てるかオオクニヌシにあわせるかで、神在月の印象はまったくちがったものになる。

c 下知説を尊重する立場をとれば、幽界のオオクニヌシにもろもろのことを下知してもらう神事と言えなくもない。

オオクニヌシに焦点を当てた場合、神在祭に際して、蛇神であるオオクニヌシの使いセグロウミヘビを案内役として、全国の神々を迎える神事がおこなわれるのは、とうぜんだと思える。

スサノヲが出雲大社の主祭神だった長い期間も、おそらく、この神迎え神事はつづけられていたのではないか。スサノヲは蛇神ではない。こうした神事がいにしえから現代まで継続されているとすれば、陰の主役はやはりオオクニヌシだったことになる。

中世でも、オオクニヌシの神威は偉大だった、とする記憶がのこっていたのではないか。現代もそうであるように。

【コラム】直会（なおらい）はまさに御斎（おとき）

各種の辞書の「神無月」の項には、神の月に全国の神々が出雲大社に集まる、とされている。しかし、より正確に言えば、出雲に集まった神々は、八つの神社で一連の、あるいはそれぞれの神事をこなす。そして、少なくとも出雲大社に集った神々は、最後に、錦田剛志さんが宮司を務める出雲市斐川町併川の万九千神社で、「直会」をしてから各地に帰っていくとされる。直会とは、打ち上げの宴会だ。

このころの天氣は悪く、斐川町の友人らによると〈万九千荒れ〉と呼ぶそうだ。空がスカッと抜けた関東の冬晴れとちがい、出雲の空は鉛色の陰翳があり、それはそれで風情がある。

直会という言葉は辞書にも載っている。錦田さんは、「お神酒あがらぬ神はなし」と題する文章にこう記している。

〈この「なおらい」とは本来、神事と祭礼に極めて密接な関わりをもつ、お神酒などのお下がりを飲食する儀礼を指し示す言葉で、古くより都をはじめ日本各地で用いられてきた、いわば標準語、共通語である〉（『いづも財団叢書7　出雲の祭りと地域文化』公益財団法人いづも財団・出雲大社御遷宮奉賛会編　二〇二〇年）

その言葉が、出雲地方ではいまでも、酒食をともなう慰労会や懇親会を指す日常語としてよく使われている。人によっては、仏式による法事のあとの飲食「御斎」も「なおらい」と言ったりする。

かりに、「お忌みさん」が、オオクニヌシの法事のことだとすれば、現代出雲での「直会」の使い方は本来の語法ということになる。

最終章　出雲制圧パートⅡと日本建国

東北人魂と出雲族

『記・紀』の編纂期、倭国は、北東アジアの激動する情勢のただなかにあった。七世紀後半から、大陸の唐や朝鮮半島の新羅と戦争状態にあり、国家としての中央集権体制を急いで整える必要があった。

そのなかで生み出されたのがヲロチ退治の神話だった。ヤマト王権→律令国家体制の正当性・正統性をアピールし、国家統一を目指した。その最大の障害が、ヤマトに服従しない東北の者たちであり、彼らを蝦夷（えみし、えびす、えぞ）という蔑称で呼んだ。

かつて出雲制圧の際、多くの出雲族が東北への難民となったことは《カテゴリーa　史実の可能性が高いもの》と仮定する。難民のなかには、平家の〝落ち武者〟のような武人もいただろう。その場合、東北なまりは東北にもともとあったものではなく、出雲族が持ち込み、それが標準語のようになった可能性がある。

そうであれば、出雲族は、蝦夷と力をあわせ、ときには、先進地からきた存在として、東北各地に散らばり、リーダーになったのではないか。蝦夷が、あれほどヤマト王権→律令国家体制にまつろわず、徹底抗戦したのは、出雲制圧の記憶と関係しているのではないか。

秋田県の東湖八坂神社では、毎年七月七日の「牛乗り」で、スサノヲ役の男性を泥酔させた上で、黒牛に跨らせて巡回するという。それは、律令国家体制が広めたヲロチ退治神話を、東北に逃れた出雲族の末裔が皮肉ってはじめた神事ではないだろうか。神話では、スサノヲの指示によって酒を飲まされたのはヲロチだった。

話は現代に飛ぶが、二〇一一年の東日本大震災のあと、「東北人」「東北人魂」あるいは「東北魂」という言葉が盛んに使われた。どうしてそういう言い方があるのか、当初、筆者にはピンとこなかった。東北地方は、中央に奥羽山脈という険しい山々がそびえ、たとえば、関東平野のようにかんたんに人が行き来して共通の文化や、統一された政治勢力を生みにくい。

むしろ、島根県出雲市のある中国地方のほうこそ、険しい山脈もなく地理的条件から言って、各地住民の一体感が生まれやすそうだ。だが、ジョークにしかならないが、中国五県民に「中国人」という意識はなく、「中国人魂」などという言葉もない。

東北人は古代から、ヤマト王権→律令国家体制に蔑まれたのをバネとして、共に闘ってきたからこそ、強い絆が形成され、東北人という一体感が生まれたのだろう。その際、出雲からの難民あるいは〝落ち武者〟が、東北各地に定住して根をはり、不屈の東北人魂を先住の人びとと共に醸成してきたとすれば、出雲人として誇らしい。

蝦夷征討ミッション

中央のヤマトは、とうぜん、東北の情勢を知っていただろう。出雲制圧からざっと四世紀ののち、本格的に蝦夷征討を開始する。その際、必要とされたのが、王権の正当性・正統性だった。

律令国家体制下で、征討の任務を帯びたリーダーの呼び名は、持節征夷将軍、征東大将軍などさまざまに変わった。奈良時代末期、初めて征夷大将軍（せいいたいしょうぐん）というポスト名がつくられ、それに任命されたのが大伴弟麻呂（おおとものおとまろ）だった。次の坂上田村麻呂（さかのうえのたむらまろ）が蝦夷のヒーロー阿弖流為（あてるい）を降して勇名を馳せたのは、よく知られる。

飛鳥・奈良・平安時代の列島を、人工衛星の目で俯瞰（ふかん）したとき、歴代の征夷大将軍らのミッションがよくみえるように思う。それは、縄文時代にまでさかのぼる東北の政治文化に、弥生の出雲族がもたらした政治文化が融合した不屈の精神そのものの征討だった、と言えるのではないか。

出雲制圧の神が東北でも

将軍の使命を神道から支えたのが、神威をもちいた呪術だった。

茨城県鹿嶋市宮中にある鹿島神宮の主祭神は、タケミカヅチとされる。六四五年の乙巳（いっし）の変にはじまる大化の改新を契機として、一地方神だった鹿島社は、ヤマト王権→律令国家体制とつながりを深め、その神は蝦夷平定の武神・水神として太平洋沿岸部を北上した。

鹿島神宮の社殿が北を向き、神体の鎮座する内殿は東向きなのは、蝦夷をにらんでの配置とされる。各開拓地で祀られ、最終的に、いまの宮城県石巻市あたりまで影響力をおよぼしたとされる。

『古事記』でつづられる出雲制圧の現地司令官タケミカヅチは、蝦夷征討でも呪術面で大きな役割を果たした。

また、千葉県香取市香取にある香取神宮の主祭神は、フツヌシとされる。この神もまた、蝦夷に対する平定神として朝廷から崇敬された。『日本書紀』では、フツヌシが出雲制圧の司令官でタケミカヅチが副官だった。

出雲国では、オオナムチの〝聖断〟によって、いわゆる国譲り、出雲制圧パートⅠがおこなわれた。東北での流血の蝦夷征討は、ある見方をすれば、出雲制圧のパートⅡだったと言えるだろう。

山根良夫さんの感想はこうだ。

「歴史的に、人間集団（国）の形成過程において、権力者が権力者たる証明をこうした形で行うことに、私は違和感を持たない」

俘囚となった蝦夷たちは、列島各地へ強制移住させられるなど、苦難の末に〝大和民族〟として同化し、今日（こんにち）にいたる。

俘囚の末裔のひとりが、安倍晋三氏だった。そのルーツは、平安時代に陸奥国の奥六郡（現在の岩手県内陸部）を治めた豪族・安倍氏一族とされる。

岩手県金ケ崎町にある安倍氏一族の拠点「鳥海柵跡（とのみのさく）」が、二〇一三年、国の史跡に指定された。町主催の記念式典に、安倍晋三氏は祝電を寄せた。〈私の祖先は鳥海柵跡の主・安倍宗任（むねとう）を祖とし、私で四四代目〉〈「末裔（まつえい）の一人として大変喜ばしい」などと記されていたという。（『河北新報コラム』二〇一九年一一月二七日）。

安倍晋三氏は、縄文時代にまでさかのぼる祖先神アラハバキを信仰していたとされる。その神の加護で内閣総理大臣にまでのぼりつめることができた、と思っていたのかもしれない。
アベ姓の一族とは、本来、アラハバキの血がたがいに流れていることがわかるように名乗った人びとという。

〈安倍首相（当時）の基盤がなぜ山口のほうにあるのかというと、安倍晴明（あべのせいめい）や阿倍仲麻呂（あべのなかまろ）もそうですが、一族が京都、奈良のあたりで活躍し、中国地方、山口に流れてきたからだそうです〉（保江（やすえ）邦夫（くにお）・ノートルダム清心女子大名誉教授）

明治維新は関ヶ原の戦いに敗れた西軍のリベンジだ、とする歴史観がある。その論法でいけば、安倍氏が長期政権を築いたのは、東北蝦夷のリベンジという面もあるのではないか。安倍氏のルーツをさらにさかのぼれば、出雲に行きつくかもしれず、制圧された古代出雲王国のリベンジでもあるのかもしれない。むろん、これは《カテゴリーb　史実とは言い切れないもの》だが。

残暑のきびしいある日、筆者は宮城県多賀城市にある古代城柵・多賀城址を訪れた。国の特別史跡に指定されている。『記・紀』が成立して間もない神亀元年（七二四年）、律令国家体制が蝦夷を支配するために設置したもので、一一世紀中ごろまで、東北地方の政治・軍事・文化の中心地だった。

その跡地を自分の足で歩き、蝦夷征討の時代に思いをはせた。城外にあるアラハバキを祀る神社を訪ねてみたいとも思い、汗を大量にかきながら探していった。

本来、アラハバキ神は、日本列島東部に住む蝦夷という蔑称で呼ばれた人びとが尊崇する神だった。とくに青森・岩手・宮城・福島の各県や東京都・埼玉県に多く、そして島根県などでも祀られているとされる。

伊勢神宮にも「矢乃波波木神（やのははき）」が祀られており、吉野裕子氏の説によると蛇と深い関係があるという。神道のひじょうに古い神かもしれない。

多賀城外のアラハバキ神社には、旅人が脚の脛（すね）に巻く「脛巾（はばき）」を布や草で編んだものがたくさん奉納されていた。いつからか、「ハバキ」の音（おん）から、旅の神として祀られるようになったとされる。また、下半身全般をいやす神ともされ、巨大な男根をかたどったものも供えられていた。長い歳月が流れ、古代の信仰からすっかり変わっていた。

呪術としてのヲロチ退治

岩手県盛岡市を拠点に作家活動をする高橋克彦氏は、東北の視点から歴史や事象を小説として描いてきた。

〈克彦が後半生で追求したテーマは「東北の誇りを取り戻すこと」だった。野蛮人の住む辺境と蔑

多賀城址

男根が奉納されているアラハバキ神社

まれてきた陸奥の歴史の真実を、小説を通じて克彦は明らかにした。これで東北はプライドを取り戻した〉（道又力『作家という生き方　評伝　高橋克彦』現代書館　二〇二一年）

出雲制圧パートⅠ、そして、東北を舞台とする出雲制圧パートⅡがあった。いまふり返れば、北東アジア情勢が激動するなか、倭国が日本と名乗るようになり、ひとつの律令国家として体制を構築するプロセスでの必然だった、と言える。

『記・紀』の時代以降、ヲロチ退治神話はしっかりと定着していった。やがて、ヲロチは呪術的には、オオクニヌシだけでなく、蝦夷のリーダーであるアテルイや母礼などもふくまれるようになったのかもしれない。

坂上田村麻呂は、延暦二一年（八〇二年）、捕えたアテルイとモレをともなって入京した。蝦夷支配に役立てようとふたりの助命を請うが、東北の英雄ふたりは公開処刑される。国家の威信を重視する桓武天皇の意向が反映されていたとみられる（倉本一宏氏）。

出雲国造は平安時代初頭の延暦一七年（七九八年）まで大領として、いちおう政治権力を維持したとの説を先述した。ぎゃくに言えば、その年に政治権力を失った。出雲制圧パートⅠはそのとき完了し、出雲は律令国家体制に組み込まれてポスト王国の時代は終わる。

桓武天皇は、八〇五年、蝦夷征伐によって「万人が苦しんでいる」という藤原緒継の諫言により、征伐を中止する。奥州（福島県、宮城県、岩手県、青森県の全域と秋田県の一部）が平定されたのは豊臣秀吉による一五九〇年の「奥州仕置」で、これにより天下統一は成し遂げられた。出雲制圧パートⅡは、このときやっと完了したことになる。

ヲロチ退治神話とは、隆盛期を迎えようとするヤマト王権→律令国家体制に正当性・正統性を与えるきわめて重要な呪術であり、日本建国神話の礎（いしずえ）だった。この物語がいまも人びとの口の端にのぼるのは、律令国家体制による国民のマインド・コントロールの結果でもある。

〈建国神話を国民が共有すると「国家」という集合意識が生まれ、さらに国民全体のパフォーマンス向上まで期待できます〉（通称「リュウ博士」の八木龍平氏）。

『記・紀』の編纂を命じた権力者、そして、編纂者らは、智恵を絞ってヲロチ神話をつづった。それは出雲制圧を神話的に象徴したものだった。

そのころすでに、特定の大神の徳と霊威でネットワーク型王国のまとまりを保つ出雲の時代は、遠い昔のこととなっていた。

同一神ともみなされるタケミカヅチとフツヌシは、出雲制圧パートⅠの英雄であり、『記・紀』でスサノヲによるヲロチ退治に仮託して神話的、呪術的に描かれた。ずっとのちの出雲制圧パートⅡに際しては、律令国家体制の守護神とされ、東北ににらみをきかせた。

タケミカヅチとフツヌシは、格の高い神だった。平城京ができた七一〇年ごろ以降、藤原氏が、一族の正統性を証明するため物部氏からこの二柱を乗っ取り氏神にしてしまったという。それを敢行した政治的天才とも呼ばれる人物こそ、藤原不比等だった。

日本の建国にも、光と影があった。

エピローグ

令和時代の出雲に暮らすジャーナリストの視点で、古代出雲を探究してきた。
以下、本書の核心となる四つの謎とその解についてまとめる（本文の流れとは順が異なる）。

◎謎と解：古代出雲王国は、いつごろ誕生し、いつ終焉を迎えたのか。

出雲では一九八〇年代、全国的にもケタ外れの数の銅剣、銅鐸などが発掘された。紀元前後ころに埋納されたとみられている。古代出雲王国の所産と受けとめるのが一般的だが、考古学者はその時代にはまだ王国はなかったとする。

だが、「紀元前三世紀半ばころ、北部九州ではすでに王を擁する国家があった」とする最新学説が出た。佐賀県の吉野ヶ里（よしのがり）遺跡をめぐって、王国の萌芽は紀元前二〇〇年以降には生まれていた、との説もある。それから類推すれば、紀元前二世紀半ばころには出雲にも萌芽期の王国があったのではないか。萌芽期から隆盛期へ至る考古学的な証拠として、出雲に存在する三つの弥生遺跡をあげた。

終焉を迎えたのは、集めた四つの事象によって三世紀半ばころと推定できる。

『記・紀』神話の解釈から一般にオオクニヌシの「国譲り」とされてきたのは、ヤマト王権による武力を伴った「制圧」であり、オオクニヌシ＝オオナムチは冥界に去って、王国は終焉したとみる。制圧後、八世紀末まではポスト王国の時代がつづき、その後、出雲は律令国家日本に組み込まれた。王国のこうした歩みをまとめ、大まかな年表も作成した。

◎謎と解：ヲロチ退治とは、いったい何だったのか。

国宝の七支刀で有名な奈良県の石上(いそのかみ)神宮には、出雲制圧の際に『記・紀』神話に登場する武神タケミカヅチが使ったとされる神剣Aが現存する。一方、岡山県の石上布都魂(いそのかみふつみたま)神社にはヲロチ退治の際にスサノヲが使ったとされる神剣Cが古代にあり、それが石上神宮へ崇神天皇朝（三世紀後半か）に遷移したとする伝承がある。

『記・紀』をはじめとする文献を渉猟し神社関係者などに直接取材した結果、神剣Aと神剣Cは同一のものと論証できた。

出雲　制圧：タケミカヅチ　神剣A　オオクニヌシ
ヲロチ退治：スサノヲ　神剣C　ヲロチ

「制圧」と「退治」がおなじ剣（A＝C）によってなされたものであるとする立場から導けば、ひとつの結論に至る。☆八岐大蛇とは、大国主神のことだった。ヲロチ退治神話は、政治的天才とされる藤原不比等が主導した呪術であり、出雲（オオクニヌシの怨霊による祟り）の封じ込め、ひいては、ヤマト王権→律令国家体制の正当性・正統性の確立が狙いだった。出雲制圧をヲロチ退治によって神話化した。律令国家体制は、その神話を民衆にも徹底して広め現代に至る。それを筆者は、建国神話によるマインド・コントロールと呼ぶ。

それが本書最大のキーポイントだ。

昭和の時代となり、岡山県の郷土史家たちや著名な神道考古学者などは、神剣Aと神剣Cがおなじものであることに氣づいていた。だが、出雲制圧とヲロチ退治の関係には踏み込まなかった。『記・紀』神話によると、スサノヲはオオクニヌシの父または先祖とされ、その二柱の時代や世代がちがうからだった。これを時系列アリバイとし、そういう視点で『記・紀』を読み直すと、両神の支離滅裂な関係性が次々と浮かび上がってきた。

この時系列の逆転ないし時系列そのものが無意味であることについて、計六つの根拠をあげた。それにより、出雲制圧をヲロチ退治によって神話化したことが、論理的に説明できる。

『記・紀』が創作した呪術としてのヲロチ退治は、律令国家体制にとってきわめて重要な神話だった。それを生み出した首謀者は藤原不比等だったと思われる。

◎謎と解：神の月とは、いったい何なのか。

一般に旧暦一〇月を神無月(かんなづき)と呼び、全国各地から神がいなくなり出雲へ集まる月とされる。出雲では八百万(やおよろず)の神々を迎え神在月(かみありつき)と呼ばれる。しかし、ある専門家は、神無月が「神のいない月」とするのは俗説だと否定する。

〈旧暦六月は水無月と呼び「水の月」を意味する。それとおなじで、神無月は「神の月」を意味す

る。神がいない月というのなら「無神月」とすべきだ〉

能登半島の古社・氣多大社の三井孝秀宮司が、筆者にこの説得力のある説を伝えてくれた。たしかに、辞書にもそうあるが、ほとんど誰もそれを知らない。

われわれ日本人は長いあいだ、神無月・神在月について誤解をさせられてきた。

神の月を意味する神無月という言葉がまず生まれ、その意味が、意図的かどうかはともかく、誤って広まり、神のいない月と受けとめられたのではないか。

では、神の月とはいったい何か。

中世の各種文献には、スサノヲが一〇月を〈支配する〉〈譲られる〉〈司る〉〈与えられる〉などとある。いっけん、意味がわからない。だが、旧暦一〇月はスサノヲによってヲロチ退治がおこなわれたとき、すなわち、タケミカヅチらによる出雲の制圧が完了したときだとすれば説明できる。

こうした仮説を立てると、出雲の美保神社に古くから伝わる神事が、本来、なぜその時季におこなわれていたのかも説明できる。

神の月の「神」とは、スサノヲのことだった。ヲロチ退治の功績を顕彰するため、全国の神々が出雲へ参集するのではないか。ヲロチ退治＝出雲制圧とすれば、制圧時に冥界へ去ったオオクニヌシの霊を弔うための参集（法事）という側面ももつと考えられる。

神々が出雲へ参集するのは、表向きはスサノヲを称えるためであっても、本来は、やはりオオクニヌシの死を悼み、八百万の神々も神職も民衆も、喪にこもり鎮魂する「忌（い）み」のためではないのか。じっさい、出雲では、現代でも神集いを「御忌祭（おいみさい）」「お忌みさん」と呼び、神々をごく静かに迎える。

スサノヲとオオクニヌシのどちらに焦点を当てるかで、神在月の印象はまったくちがってくる。

◎謎と解：古代の出雲にとって、東北とは何だったのか。

出雲制圧の前後、多数の出雲族が難民あるいは〝落ち武者〟となり、安住の地、東北地方へ逃れた。それはよく知られる出雲と東北の方言（発音）の共通性だけでなく、国立遺伝学研究所のDNA照合によっても裏づけられつつある。東北に定住した出雲族は先住者たちと交じり合った。

八世紀末、坂上田村麻呂は蝦夷討伐をし、そのとき、タケミカヅチ、フツヌシが討伐部隊の守護神とされた。『記・紀』によれば、両神は出雲制圧の際の司令官だった。

ある見方をすると、蝦夷討伐は出雲制圧パートⅡだった。

注目度が増す古代出雲

古代史と言えば、まだ大和を中心とした歴史観が主流のようだ。そのなかにあって、東京国立博物館で二〇二〇年に開かれた『特別展　日本書紀成立1300年　出雲と大和』は、出雲に目が向けられるきっかけとなっただろう。荒神谷（こうじんだに）遺跡で発掘されたおびただしい数の銅剣や、かつて四八メートルの高さを誇ったとされる出雲大社高層神殿を彷彿（ほうふつ）とさせる、最大径一四〇センチメートルの心御柱（しんのみはしら）（鎌倉時代一二四八年、三本一組）などが展示され、入館者を圧倒した。

高層神殿は、いつ、だれによって、なんのために、どんな方法で建てられたのだろうか。その謎は未解明のままだ。

特別展では、出雲制圧ではなく通説にしたがって国譲りとされ、古代出雲王国についても直接ふれられてはいなかった。本格的な研究や議論はこれからとなる。本書が少しでもそれに貢献できればと思う。

共にいる出雲と大和の神々

出雲大社の正面の鳥居前を「勢溜（せいだまり）」と呼ぶ。出雲全日本大学駅伝のスタート地点としても知られる。なぜそう呼ぶのか、地元にも文献や伝承はないという。

この聖地に、たくさんの神々、あるいは参拝客が集まってくるから、「氣がたまる場所」としてそう呼ばれるのではないか、と筆者は思っている。

本書では、神々の出自についてふれた。だが、新しい神がつぎつぎと生まれる多神教の日本で、神の出自は本質的なことではない。ある神がいるとされ、たくさんの人びとが信仰すれば、それが偉大な神となる。

その神を心の支えとし、ときには祈りを捧げ、希望と勇氣をもらう。神のほうも〝進化〟し、神威をより増してきたのかもしれない。

縣神社の石碑（出雲市）

ひとの心（信仰）と神の関係や、本書で注目した祟りのメカニズムも、いずれ、精神と物質は切り離せないとする量子力学で解明されるのではないか。

本書では、出雲がヤマト勢力に屈した出雲制圧について書いた。『出雲国風土記』には、出雲（いずもの）

郡美談郷（こおりみだみのさと）と呼ばれる、現在の出雲市美談（みだみ）町を中心とする広い一帯のこともつづられている。わが家が位置すると思われるそのエリアは、出雲制圧より五〇〇年以上のち、律令国家体制の直轄地として、出雲統治の橋頭堡（きょうとうほ）のようなものになったらしい。

わが地区の氏神は縣（あがた）神社という。境内には、大穴己貴命、天照皇大神など五柱の神名が刻まれた石碑が建っている。

いつの時代からか、出雲と大和の神々は共にある。それが令和に至る**斐本（ひのもと）＝日本**という国であり、われわれのアイデンティティーの主要な要素、つまり祖国となっているのだと思う。

あとがき

この作品を書くにあたり、調査報道（Investigative Journalism）でスクープをするときの手法を応用しました。自分の着想や資料・史料からのヒントによる仮説を立て、それについて取材を重ね、さらに裏づけ取材を徹底しました。それぞれの道の専門家の文献を渉猟（しょうりょう）しながらも、鵜呑みにはせず、吟味したうえで参考にしました。

そしてもうひとつ、ひそかに出雲中高年探偵団を結成していました。メンバーには、本文中にくり返し登場してもらいました。

山根良夫さんは、出雲内外の神社を縦横無尽に訪れて「飛車」の突破力をみせ、「龍王」となりました。錦田剛志（つよし）さんは、周りと対角線に目を配る「角行（かくぎょう）」のように頼りがいがあり、「龍馬（りゅうま）」となりました。

妻のK余（SNSネーム）は「歩兵（ふひょう）」のような存在ながら、ときに意表を突くアシストをしてくれ、「と金」となりました。出版元をさがすなか、河出書房新社の西口徹さんとつながったのも、K余の思わぬひと言がきっかけでした。まさに、ラッキーガールであり勝利の女神です。

さらに、福岡県福岡市在住の岡本雅亨（まさたか）さんは、出雲を原郷とする人びとの足跡（そくせき）を追う素晴らしい研究で、本書を支えてくれました。面識はないものの、勝手にリモート探偵団員としていました。彼も高校の後輩だとのちに知りました。

偶然か必然か、島根県立出雲高校のＯＢが四人そろったことになります。

一般に、本を書くのはとても孤独な作業です。今回は、探偵団員という同志たちがいたので、楽しく取材して執筆できました。

たくさんのひとに取材させていただきました。親切にも、後日、追加の情報を伝えてくださったかたたちもありました。各地の図書館や博物館などにも、大変お世話になりました。

作家の高橋克彦先生には、推薦の言葉を本書の帯に寄せていただきました。編集部に、「凄い本だった」というひと言が添えられて、推薦文の原稿が届いたそうです。身に余る光栄です。

山下壮一さんは、夕陽が沈む稲佐の浜と弁天島の一葉で、表紙を飾ってくださいました。浜へ幾度も足を運び、撮影条件のきびしいなかシャッターを切りつづけたそうです。

この本の核心部分は、地元・出雲の人たちもまったくと言っていいほど知らないことだと思います。探偵団にとってはわくわくする挑戦の日々で、その取材プロセスをできるだけ描くようにしました。

直接、間接にご支援ご協力いただいたかたたちに、心から感謝します。

令和五年一月吉日

於　八雲立つ出雲　木佐芳男

＊本書は書き下ろし作品です。

木佐芳男
（きさ・よしお）

ジャーナリスト・元読売新聞ベルリン特派員。
1953年、島根県出雲市生まれ。1978年、読売新聞社入社。外報部（現・国際部）、ニューデリー特派員、世論調査部（日米、日ソなどの国際世論調査を担当）、読売・憲法問題研究会メンバー、ボン特派員、ベルリン特派員などを経て、1999年からフリーランスに。2013年、出雲にUターンした。主な著書：『〈戦争責任〉とは何か　清算されなかったドイツの過去』（中公新書）／『「反日」という病　GHQ・メディアによる日本人洗脳（マインド・コントロール）を解く』（幻冬舎）／『「反日」化するドイツの正体』（ワック）
木佐芳男ウェブサイト http://rab-k.jp RAB☆K 検索

古代出雲王国考
ヲロチ退治の呪術

二〇二三年一一月一八日　初版印刷
二〇二三年一一月二八日　初版発行

著　者――木佐芳男
発行者――小野寺優
発行所――株式会社河出書房新社
〒一五一-〇〇五一
東京都渋谷区千駄ヶ谷二-三二-二
電　話――〇三-三四〇四-一二〇一〔営業〕
〇三-三四〇四-八六一一〔編集〕
https://www.kawade.co.jp/
組　版――株式会社ステラ
印　刷――モリモト印刷株式会社
製　本――小泉製本株式会社
落丁本・乱丁本はお取り替えいたします。

ISBN978-4-309-22881-5
Printed in Japan